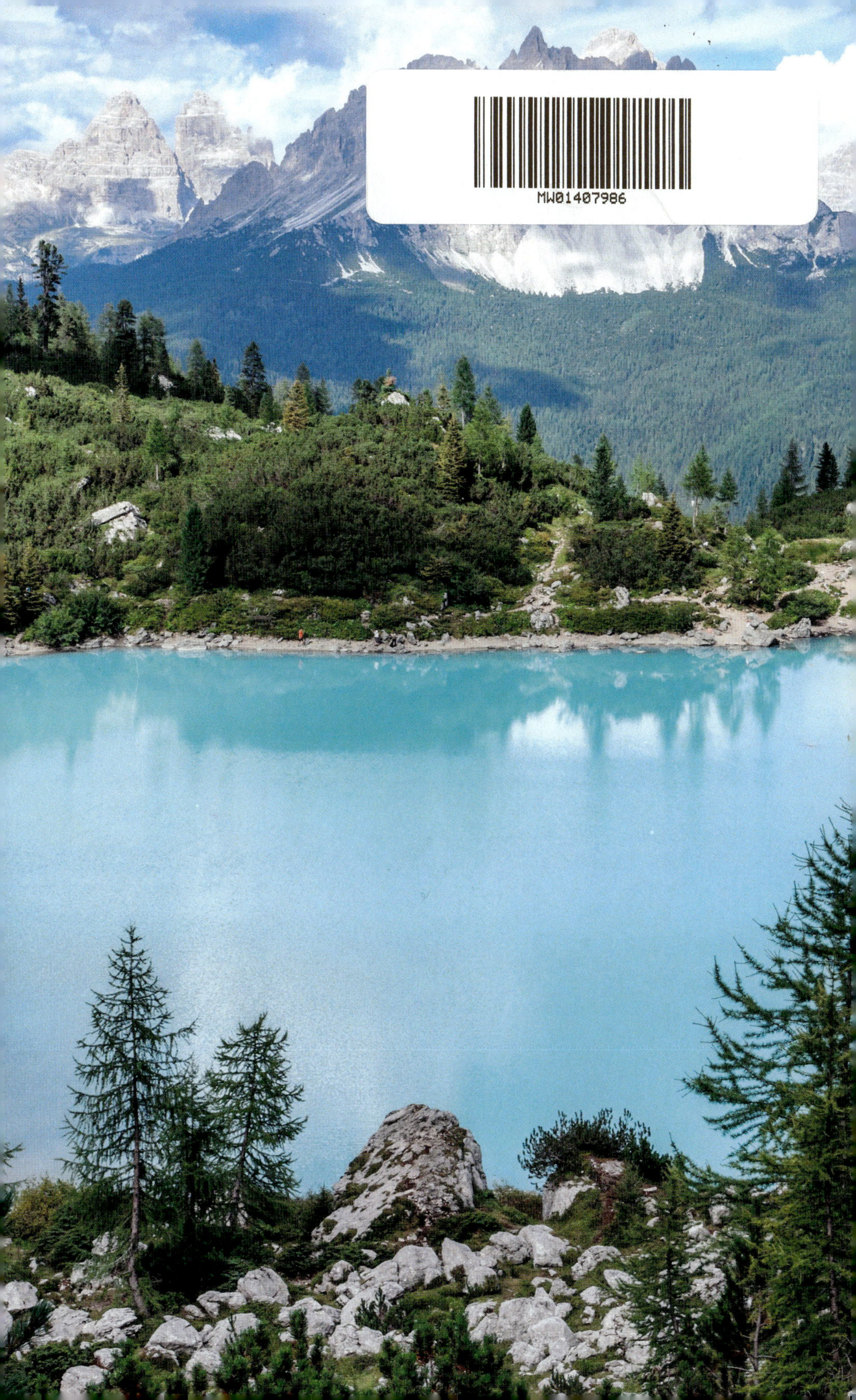

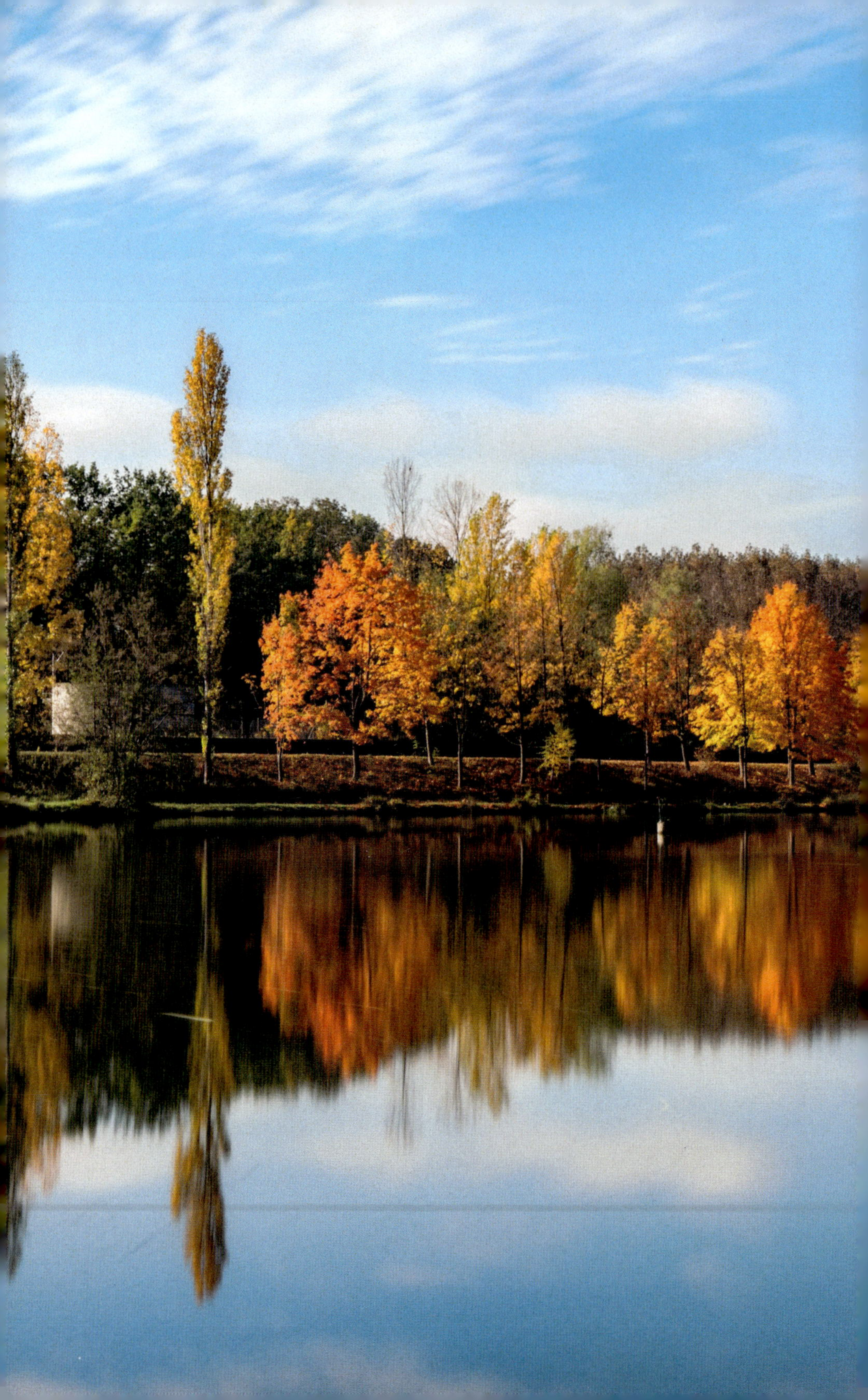

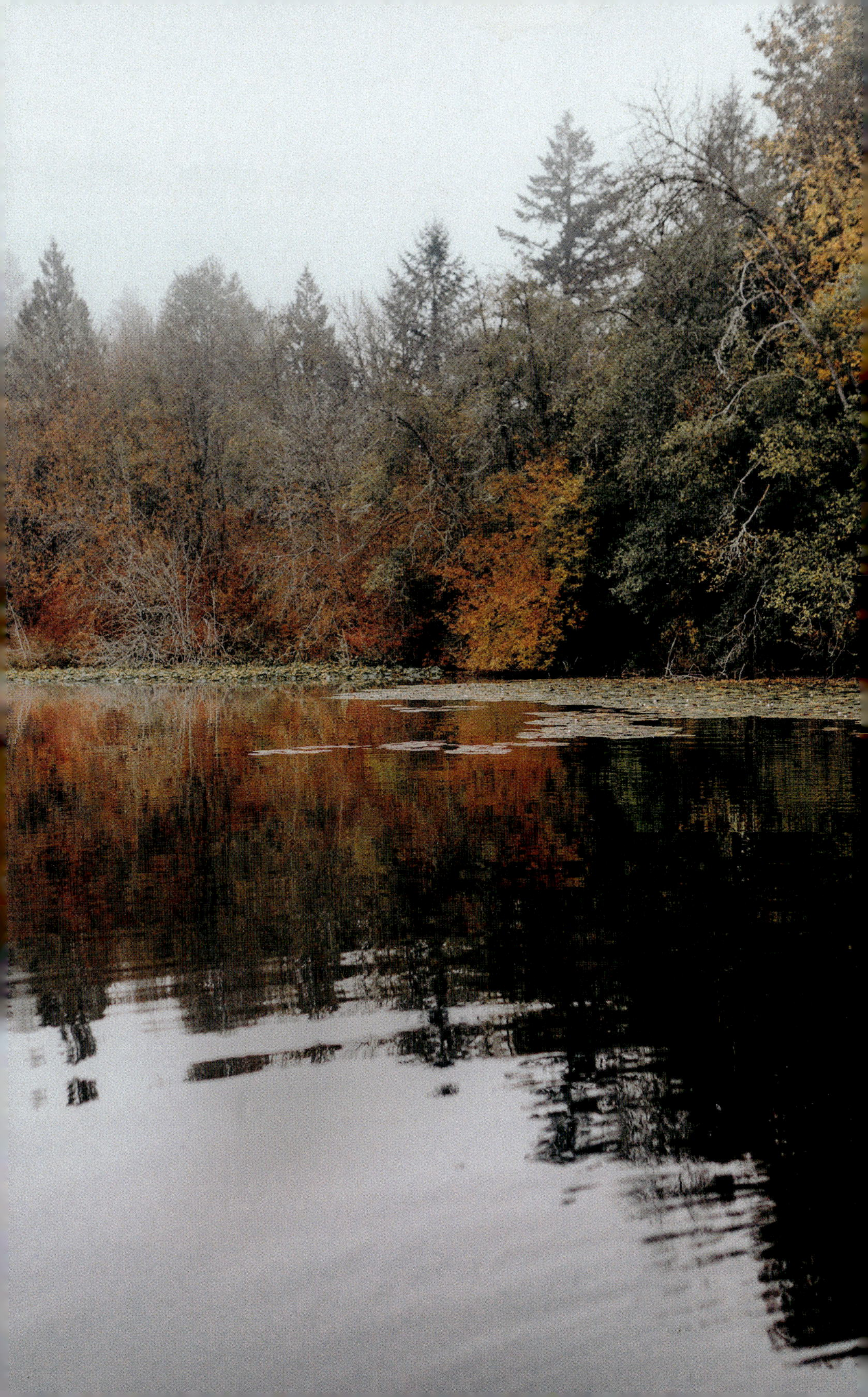

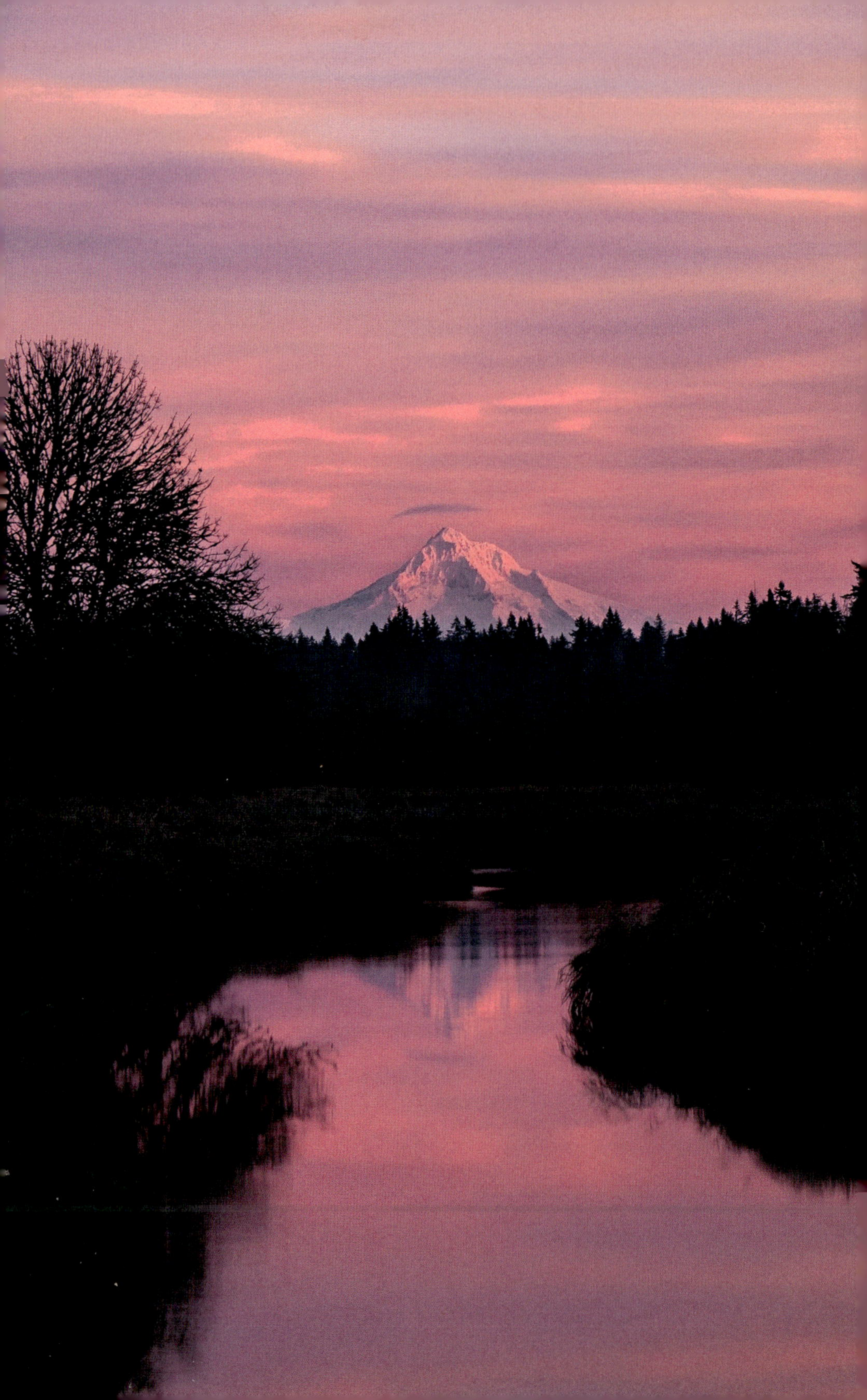

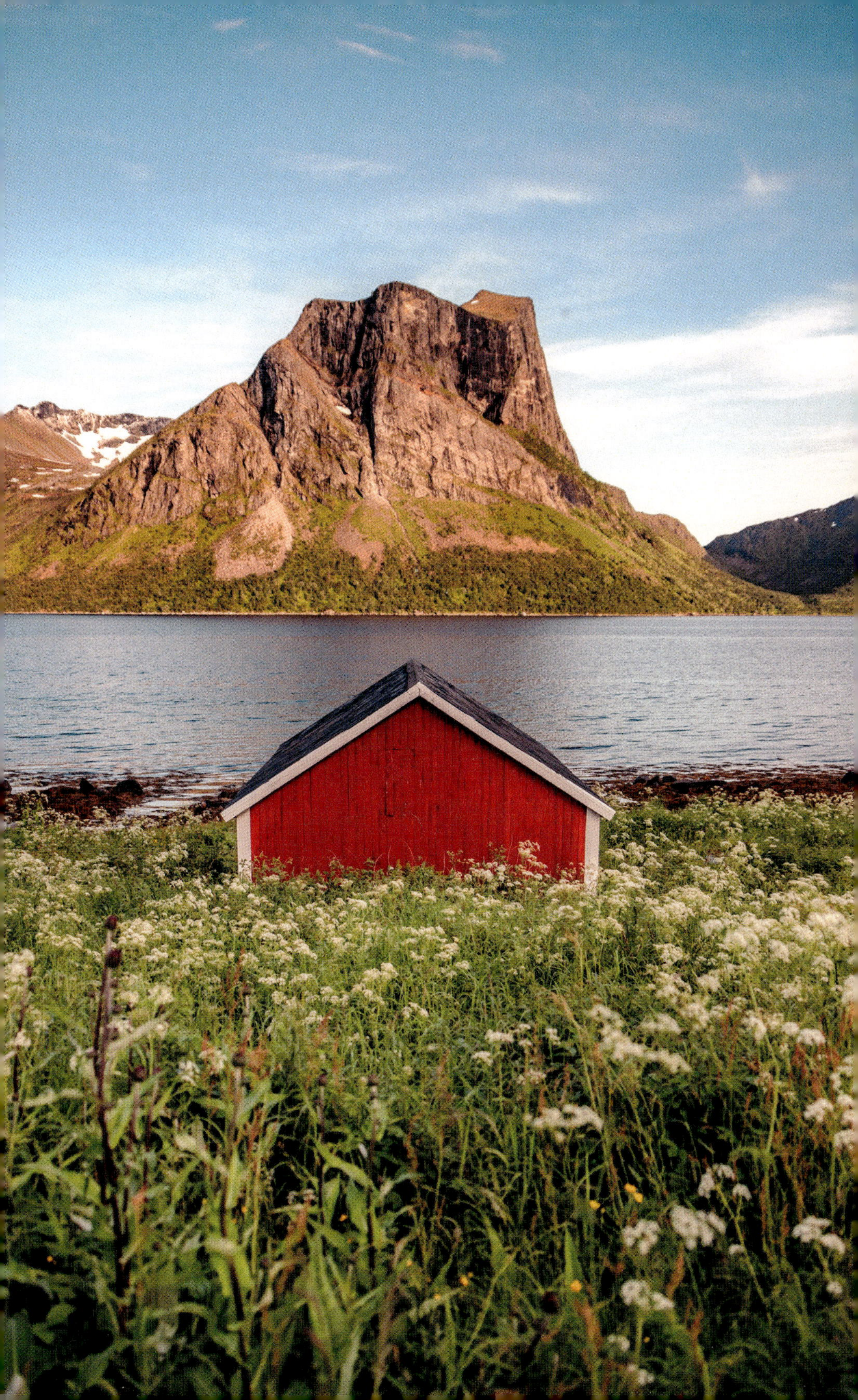

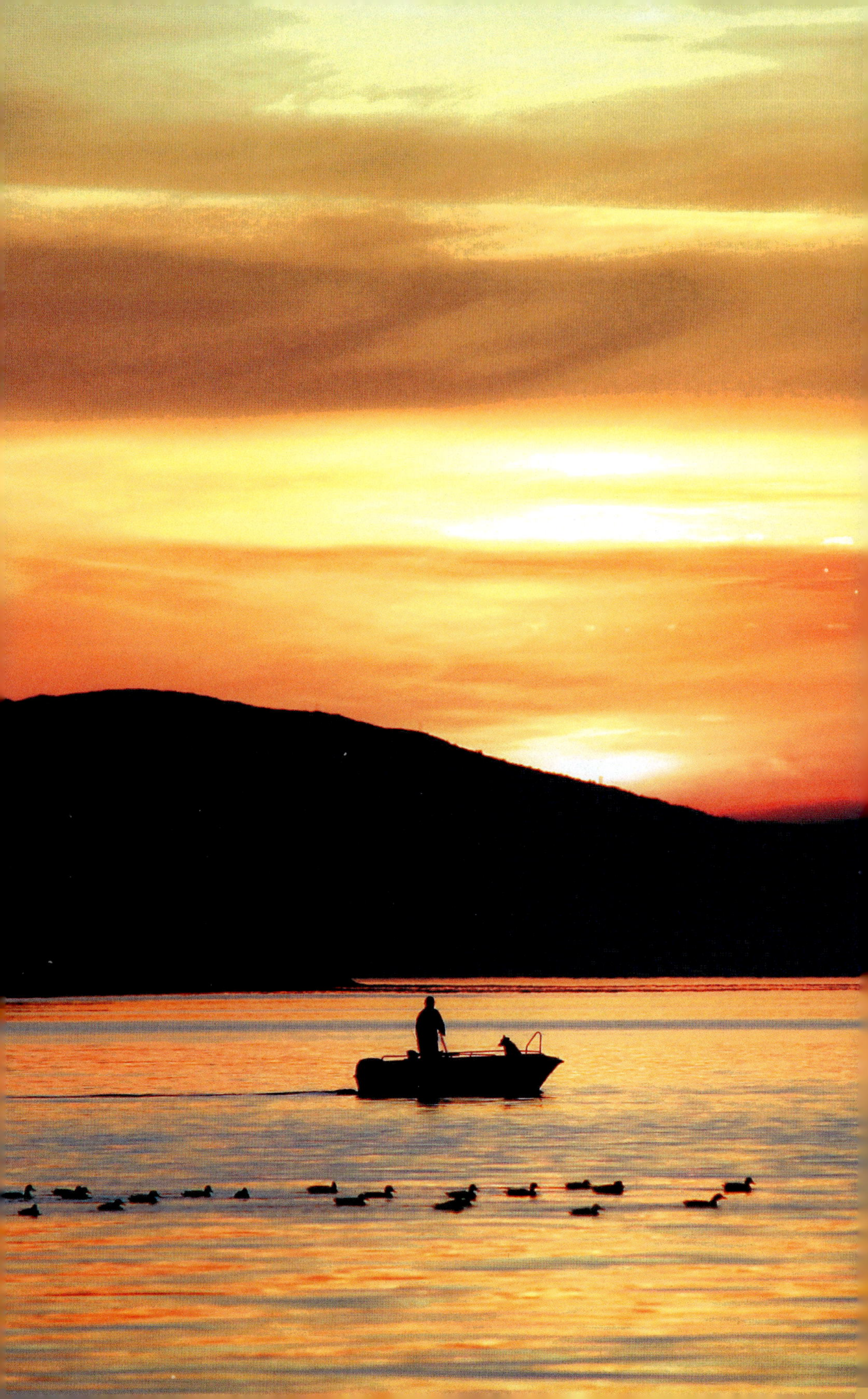

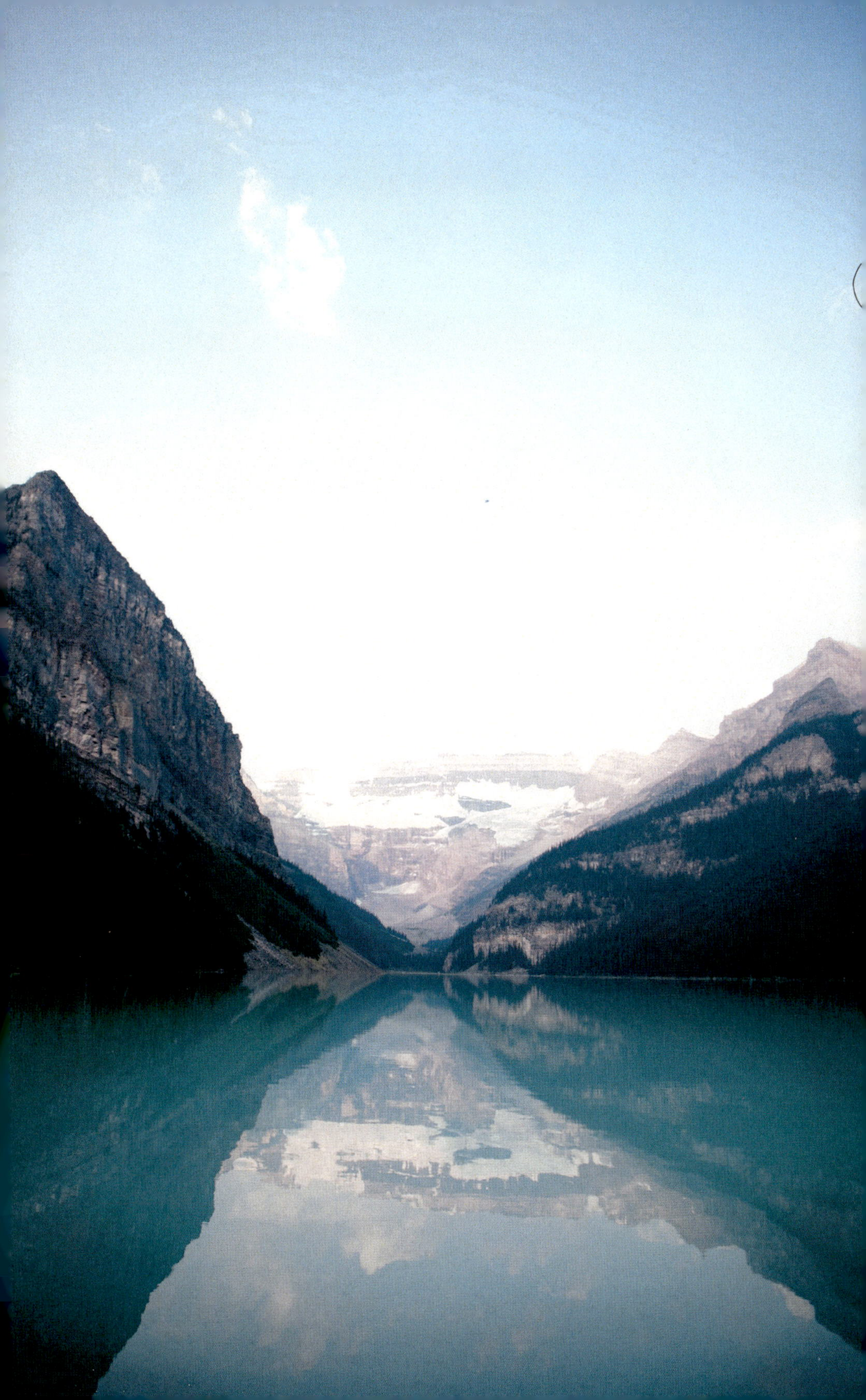

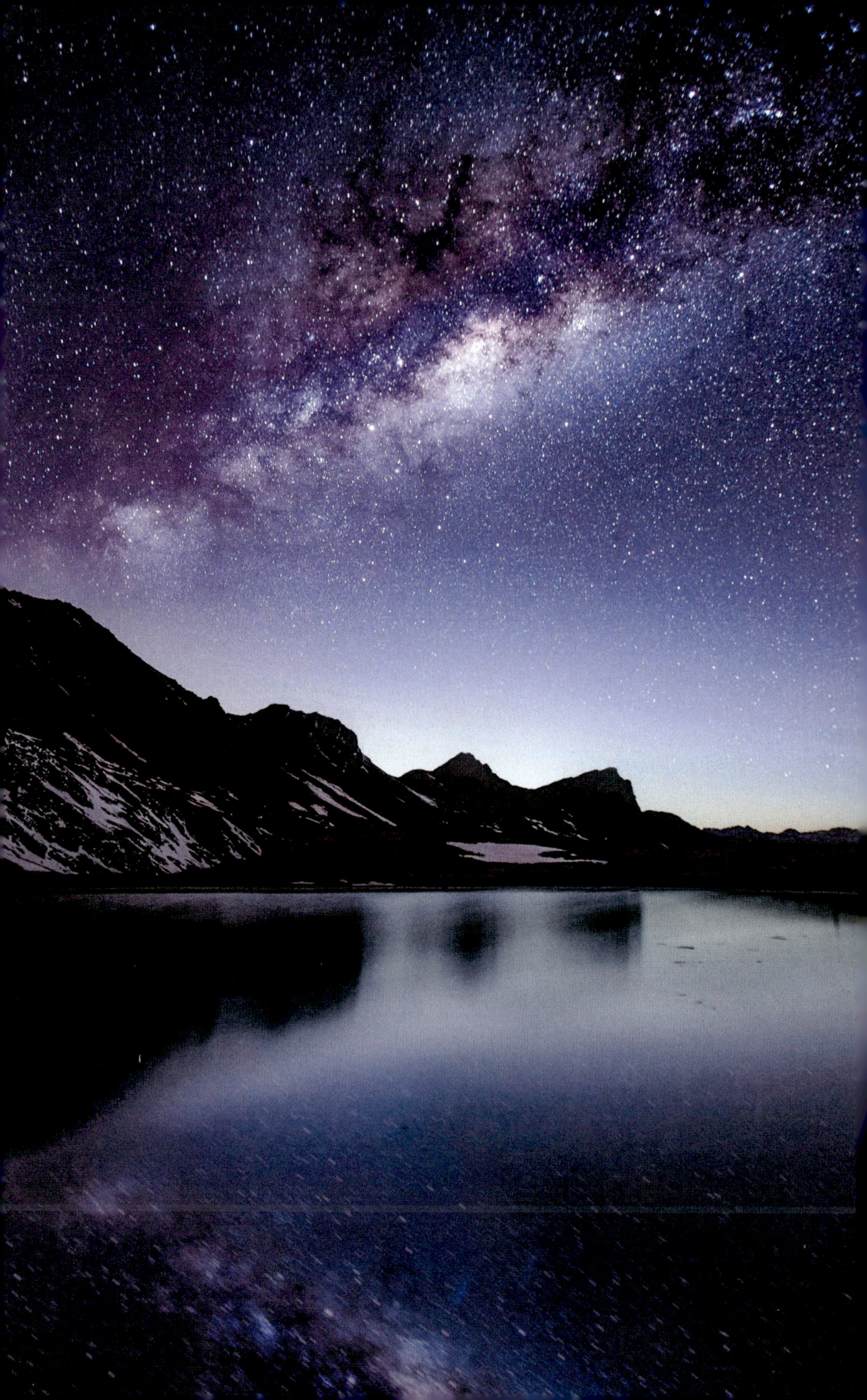

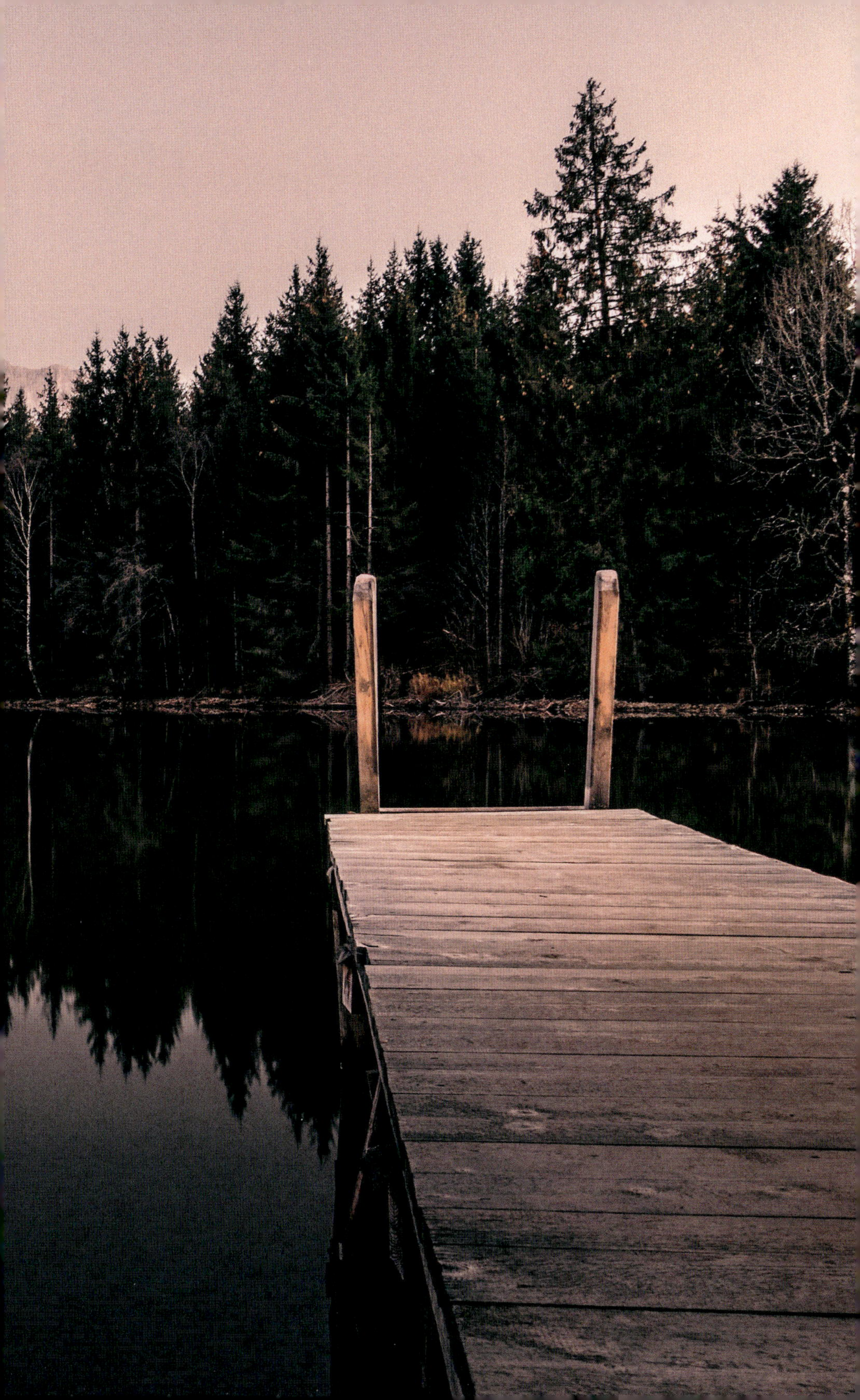

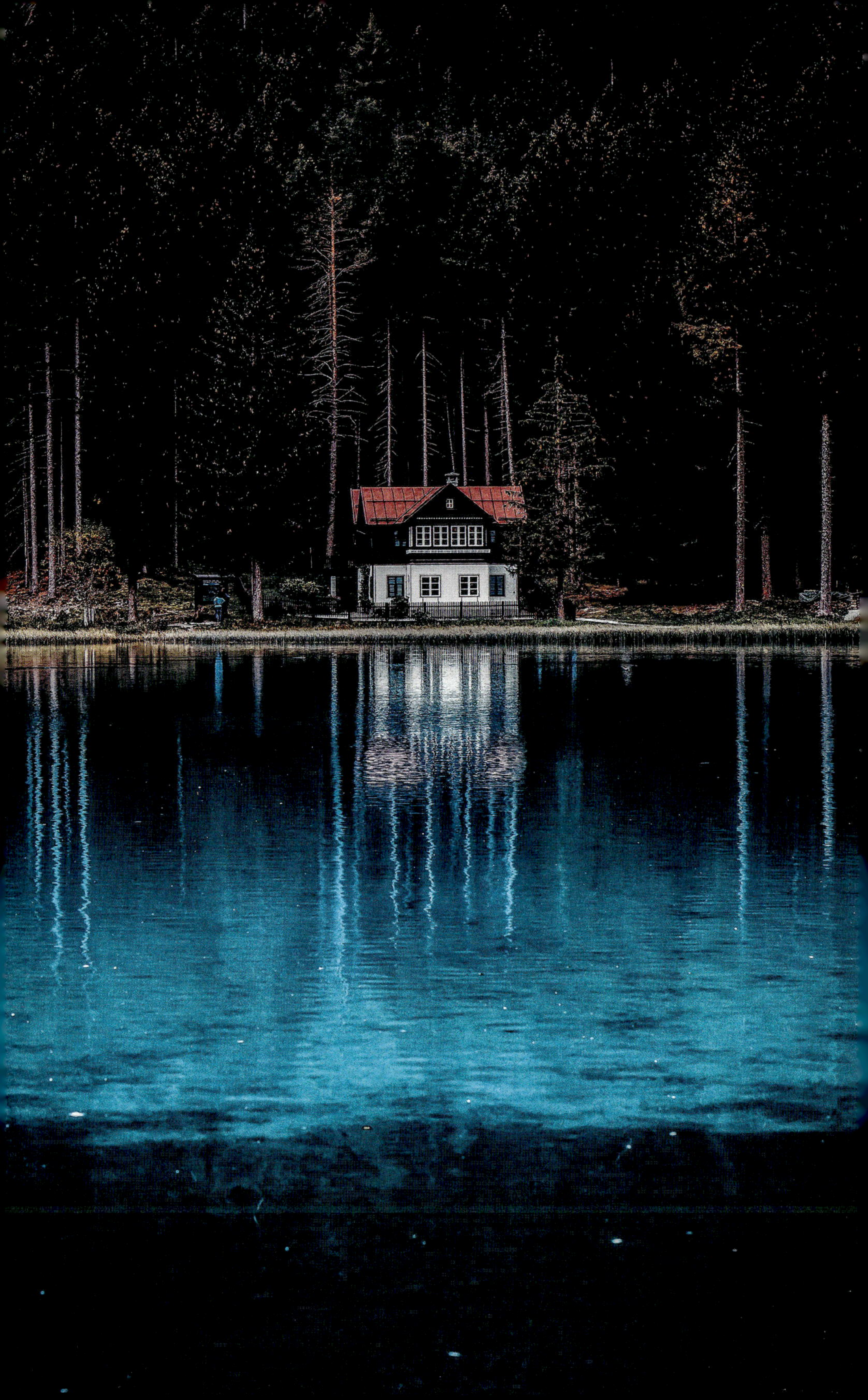

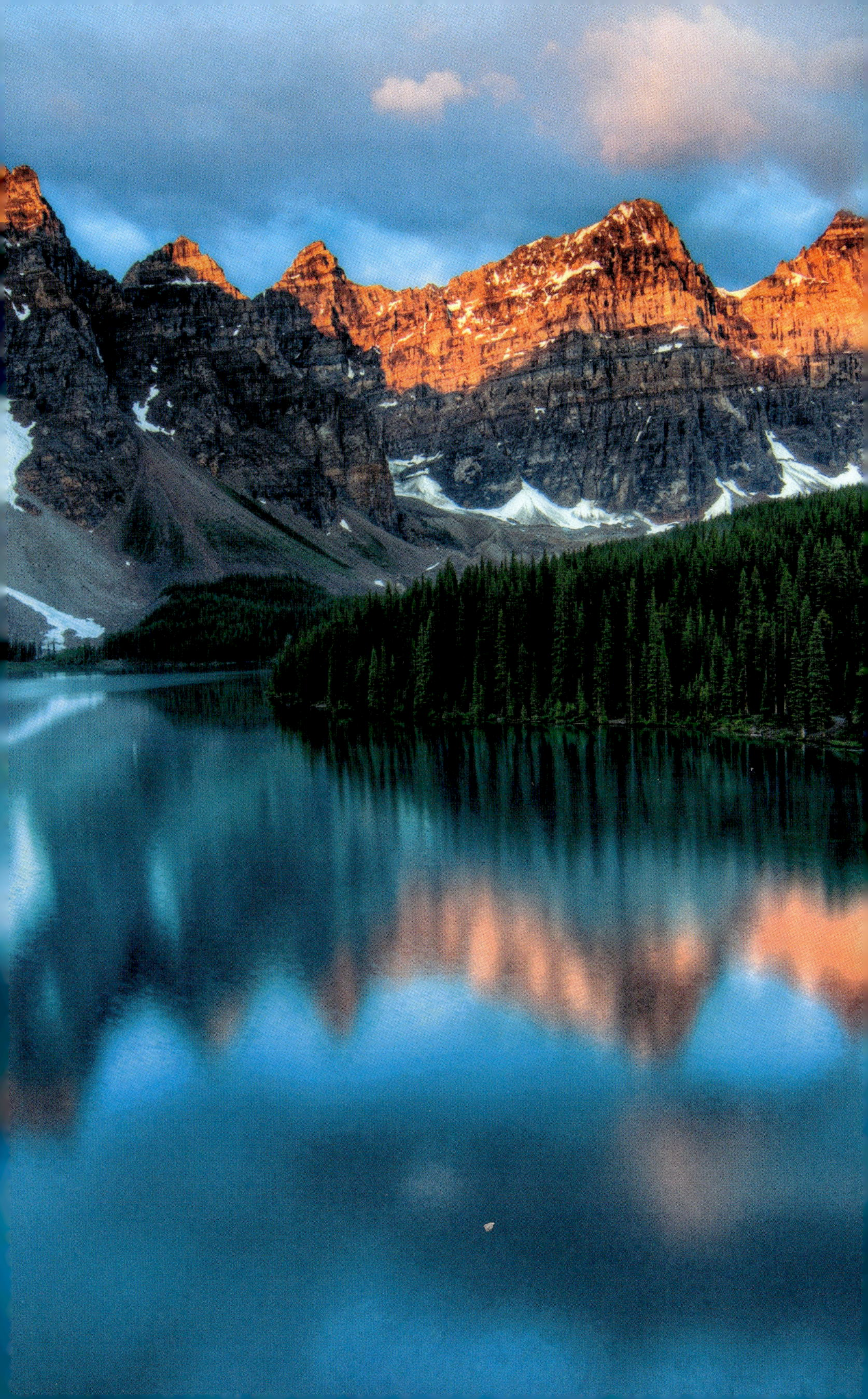

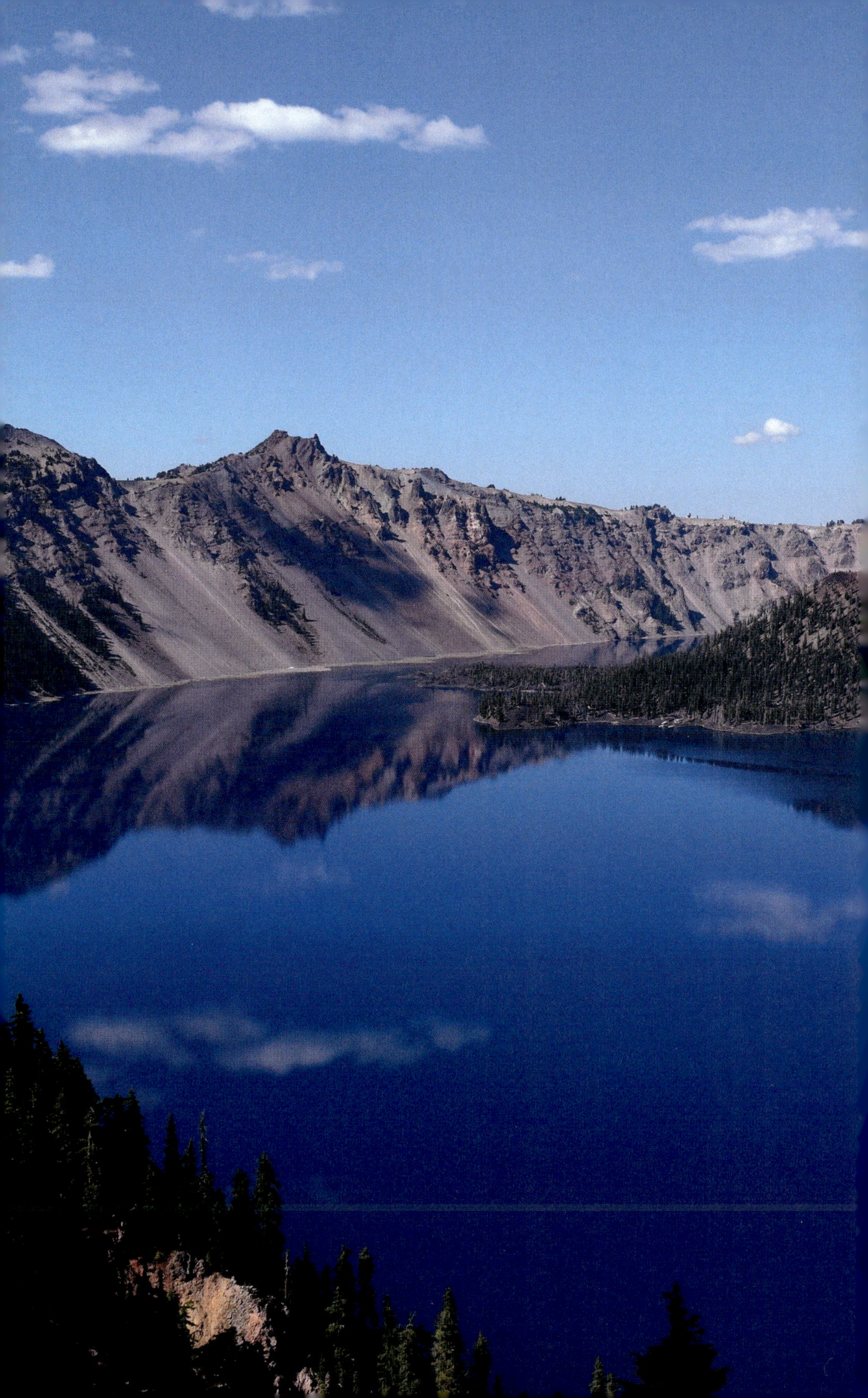

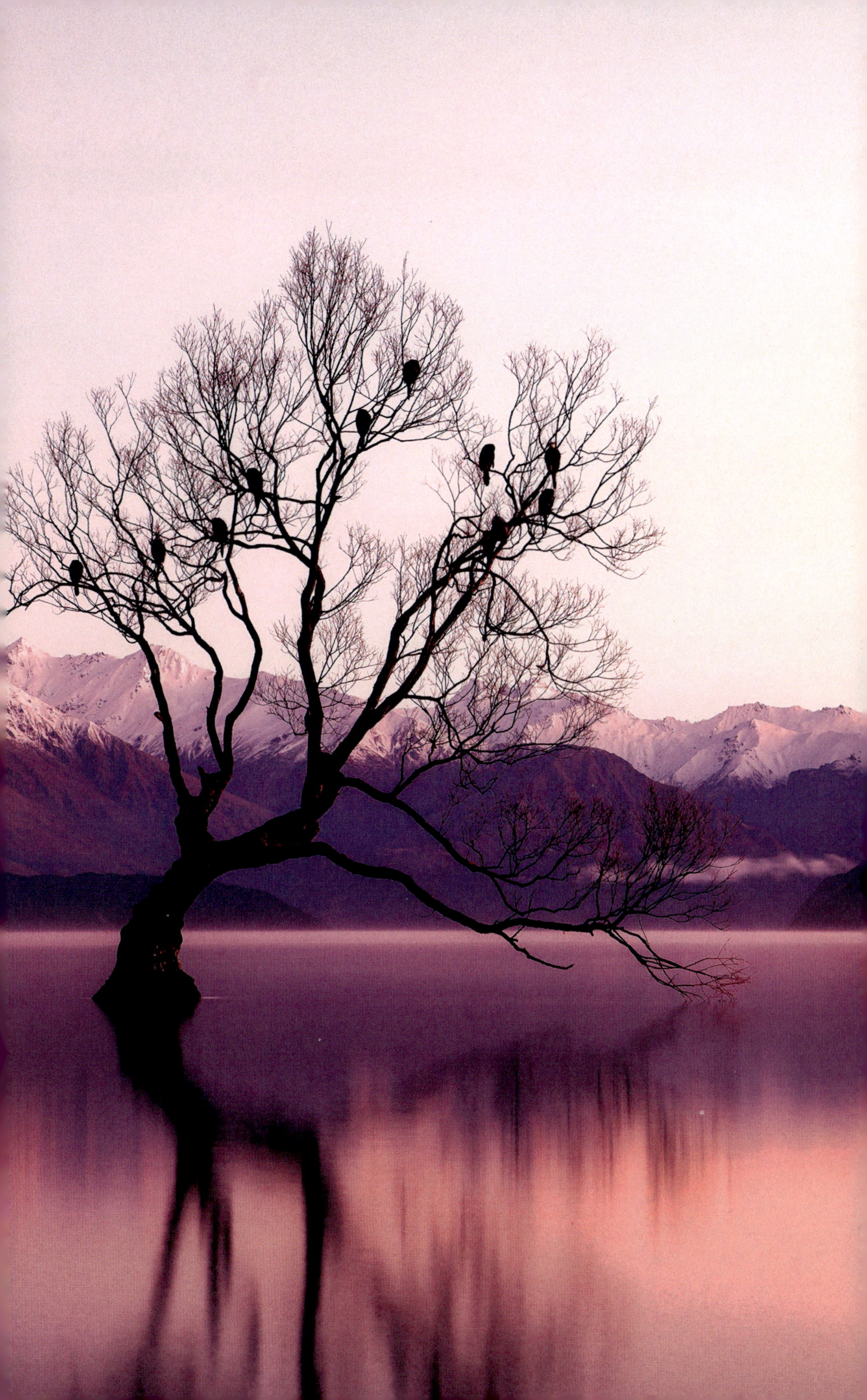

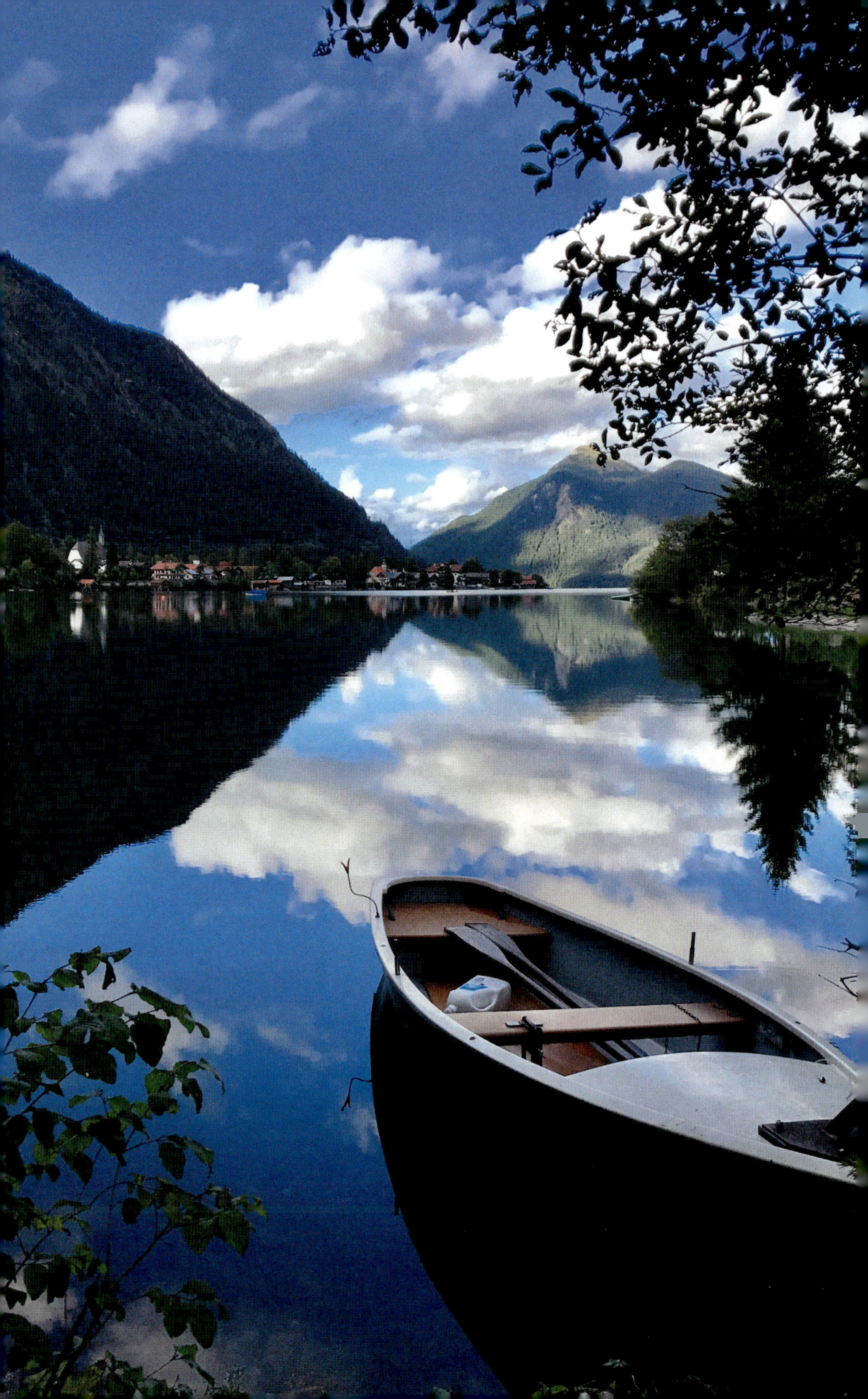

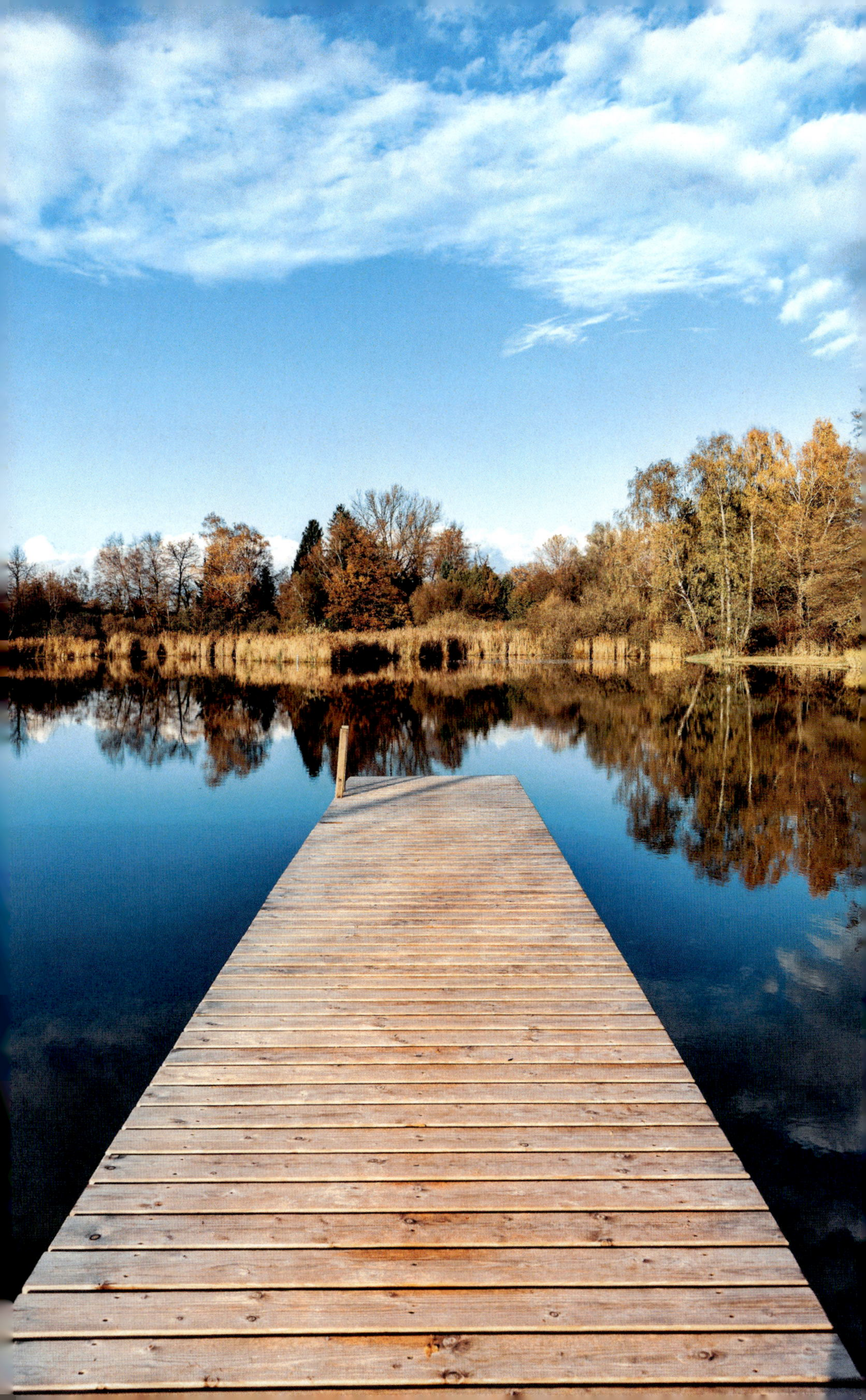

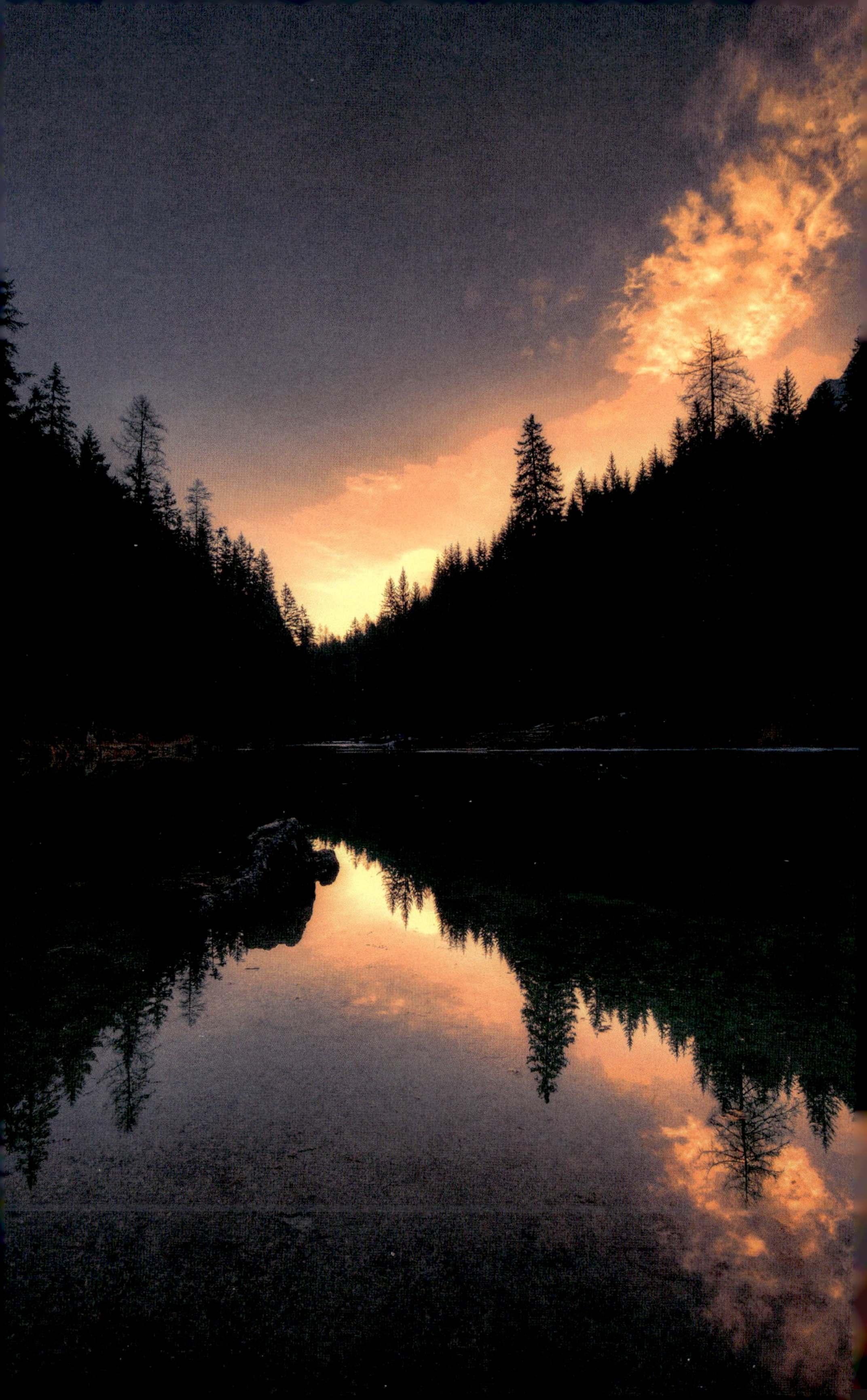

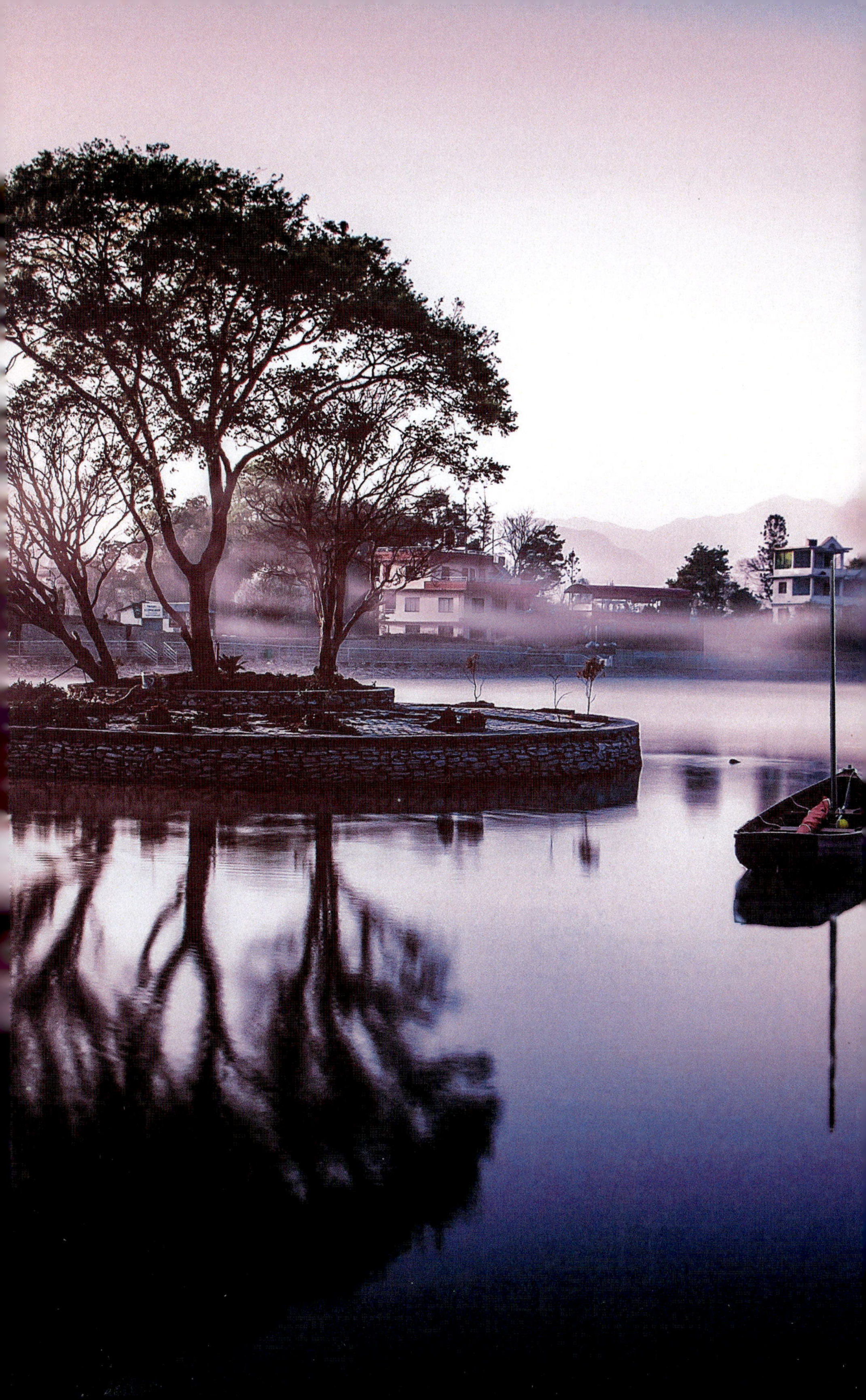

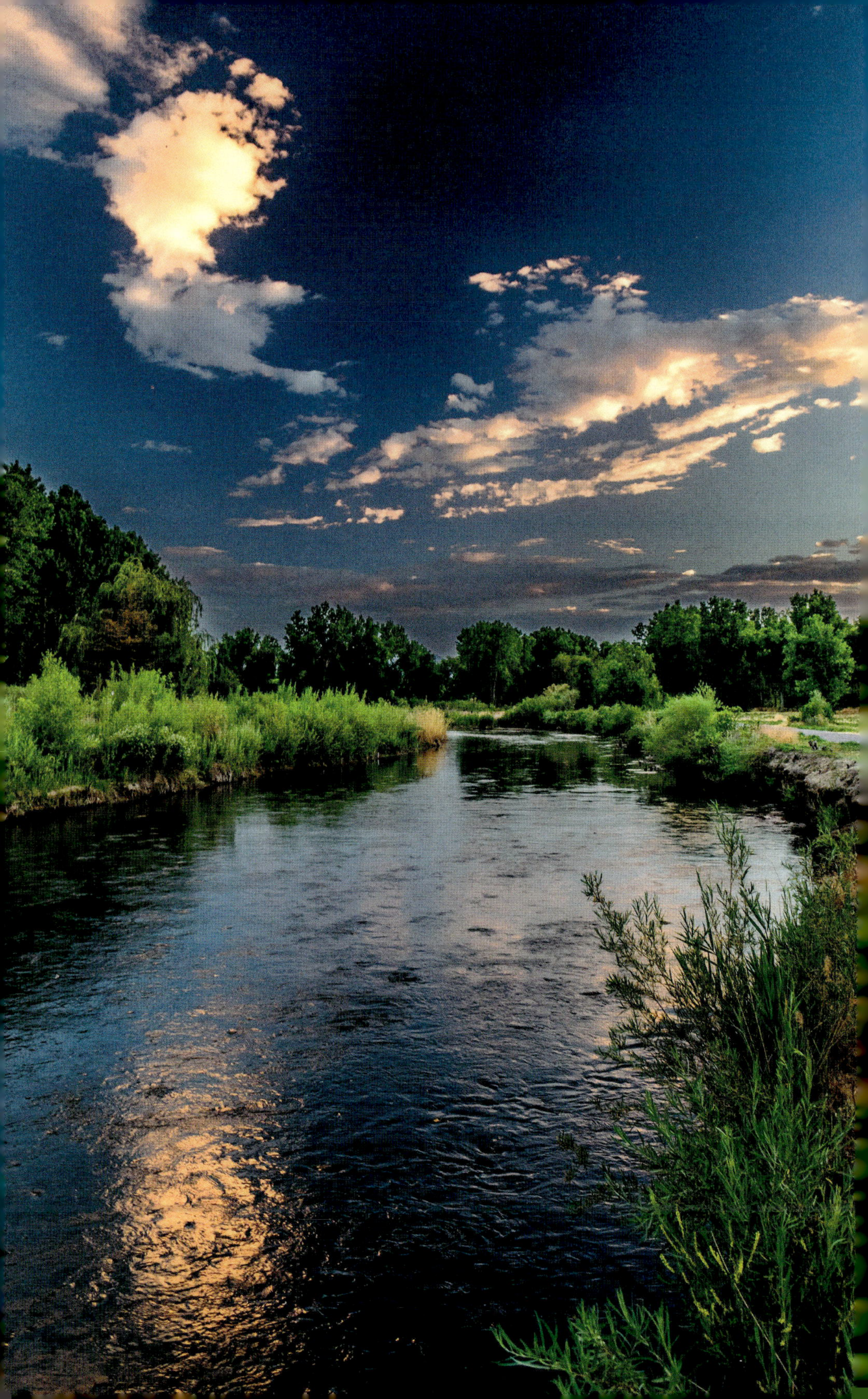

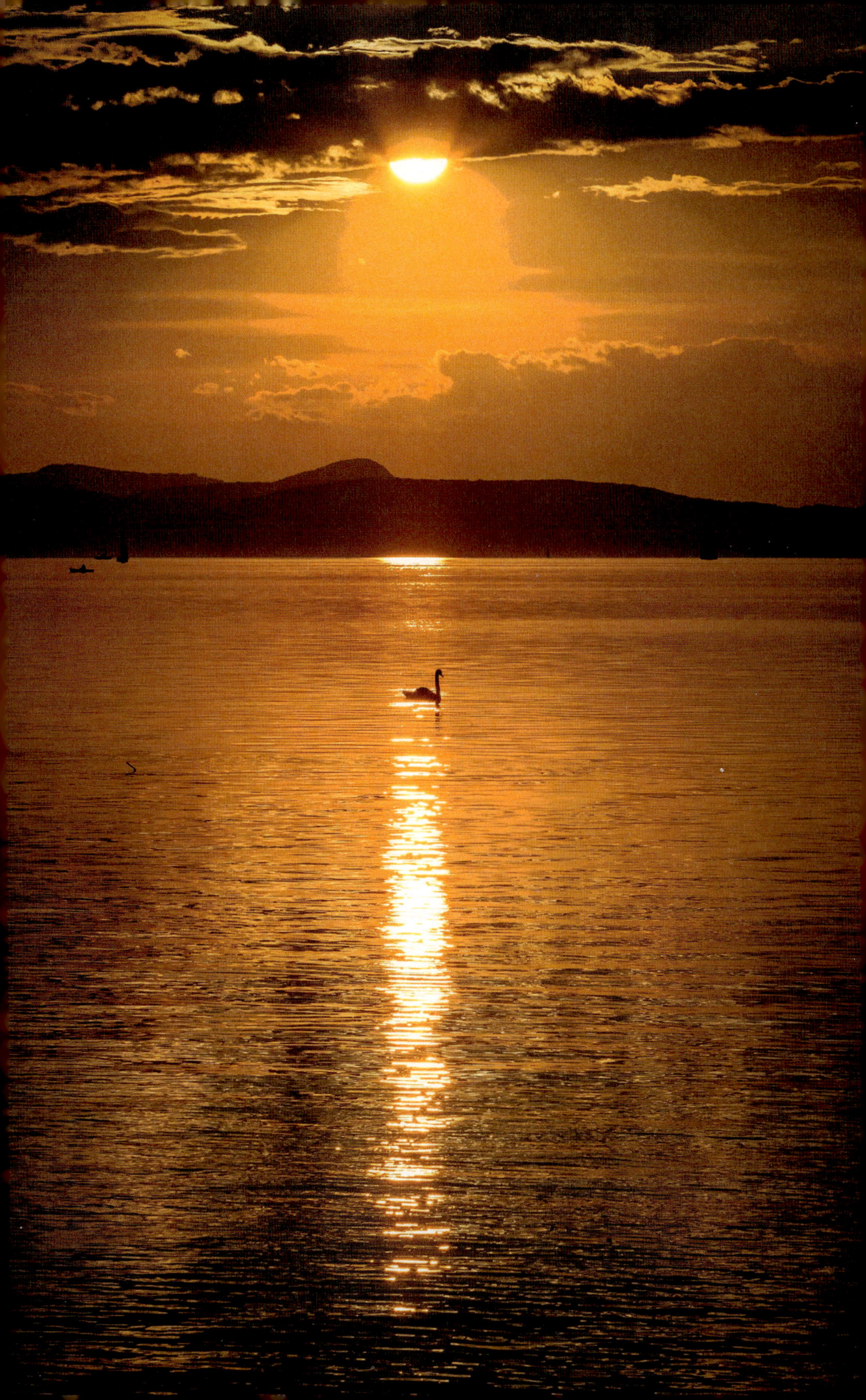

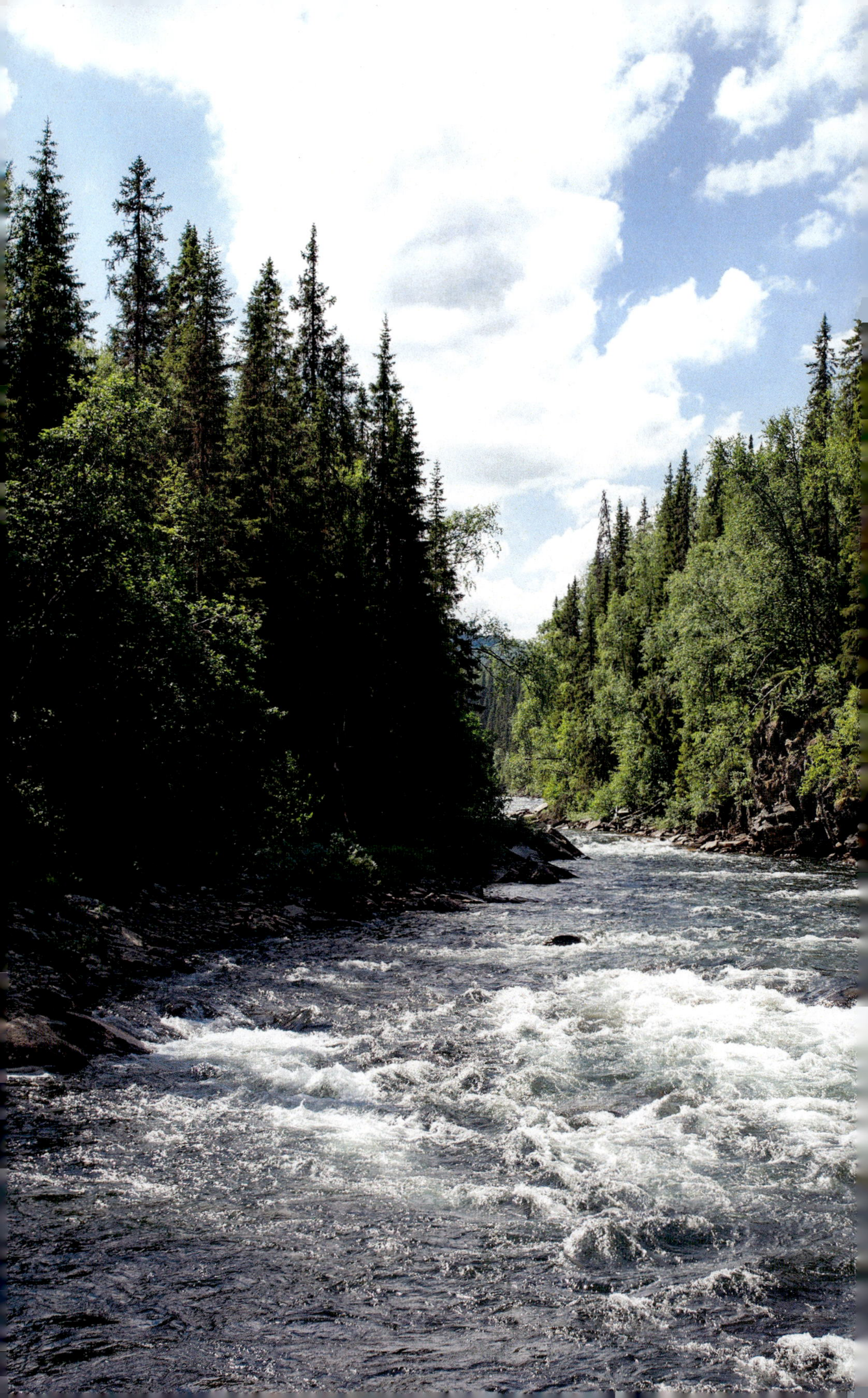

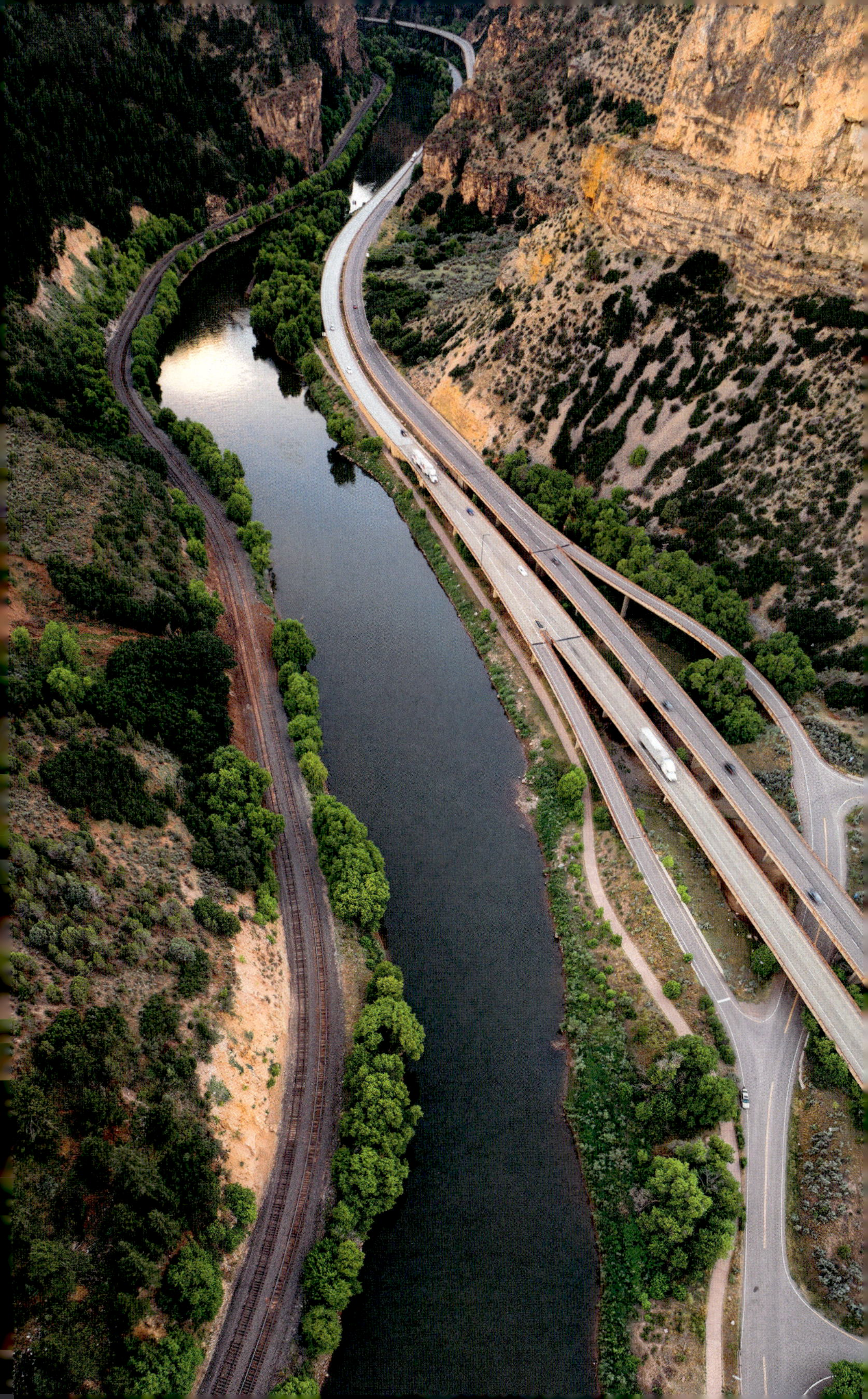

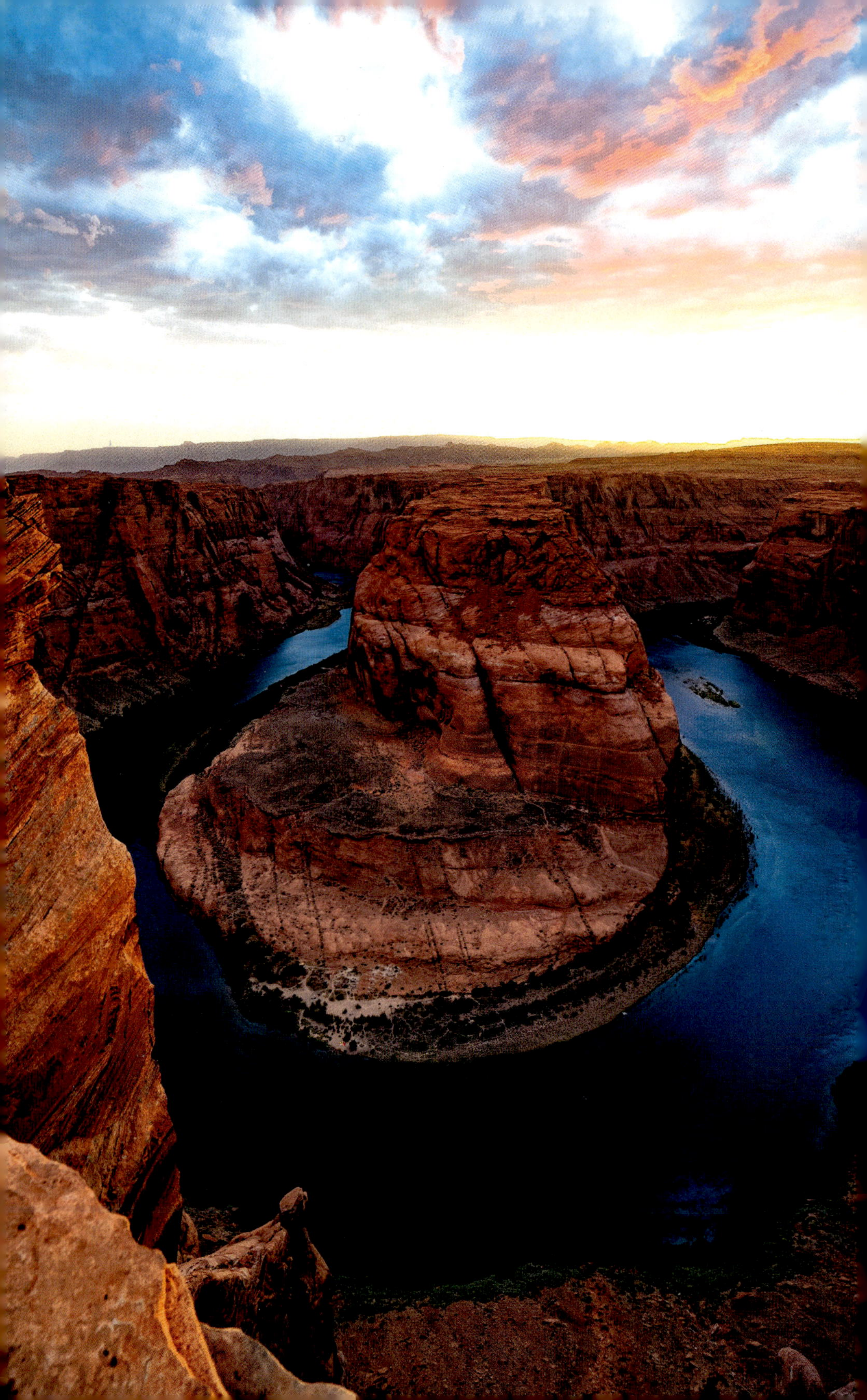

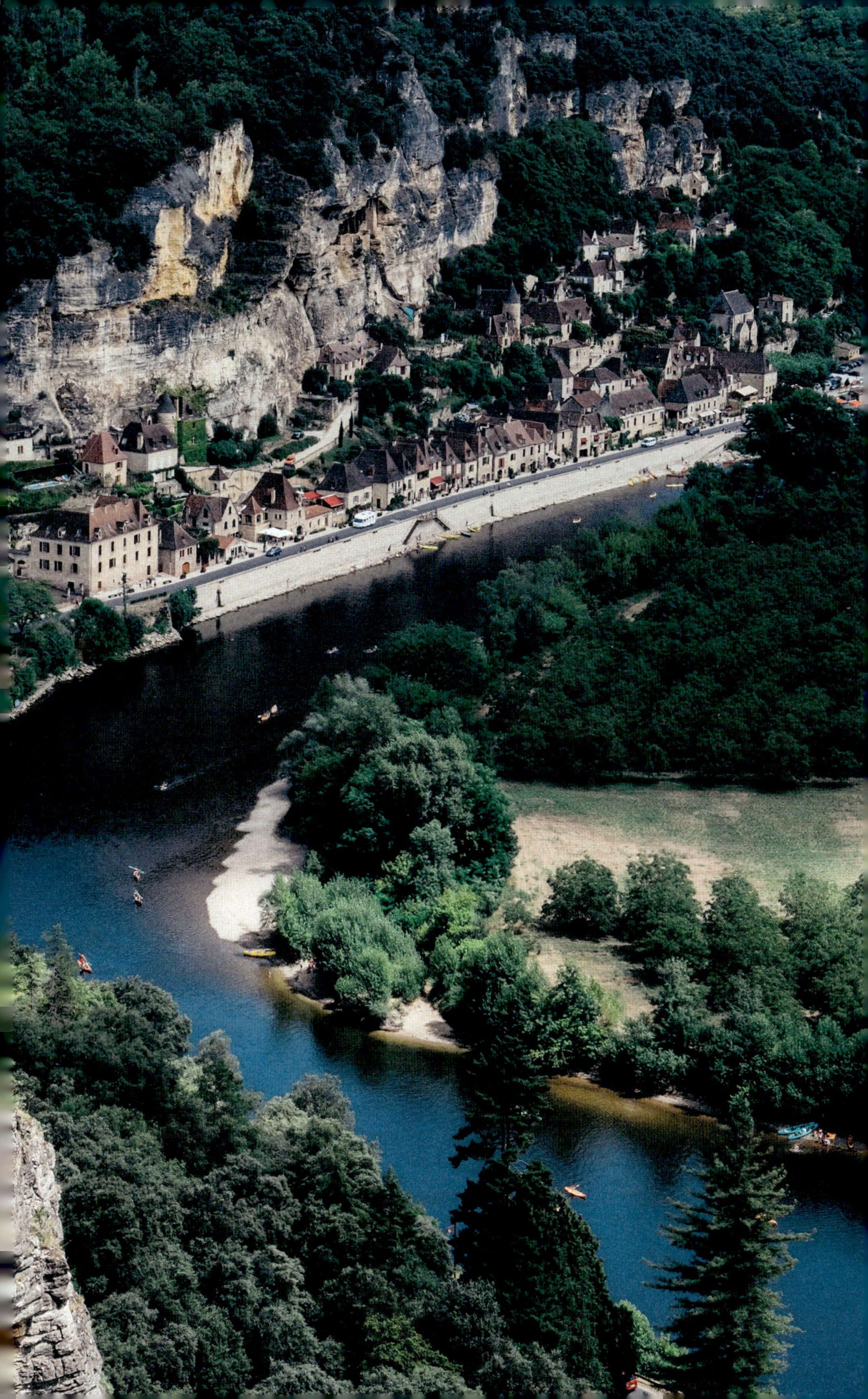

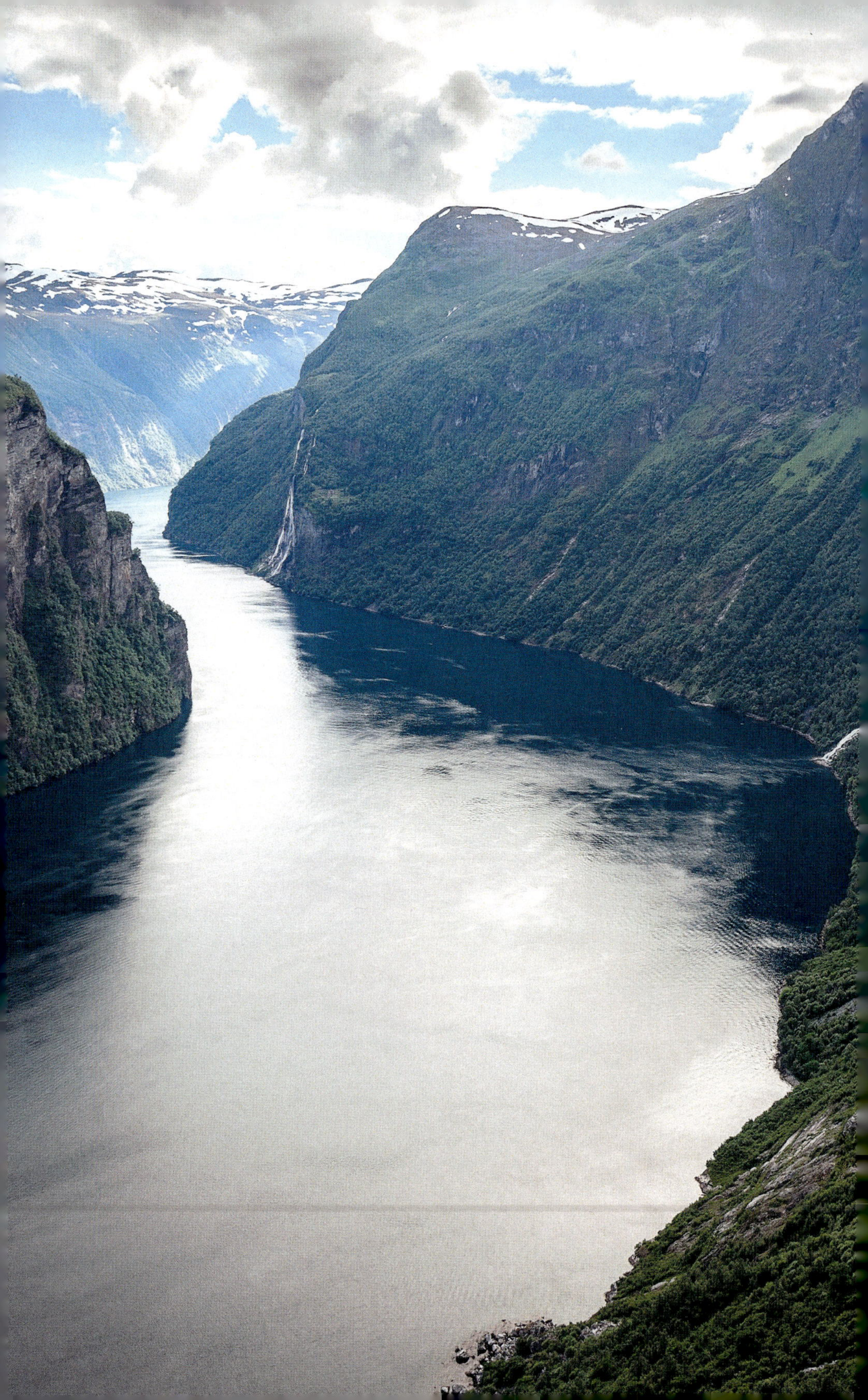

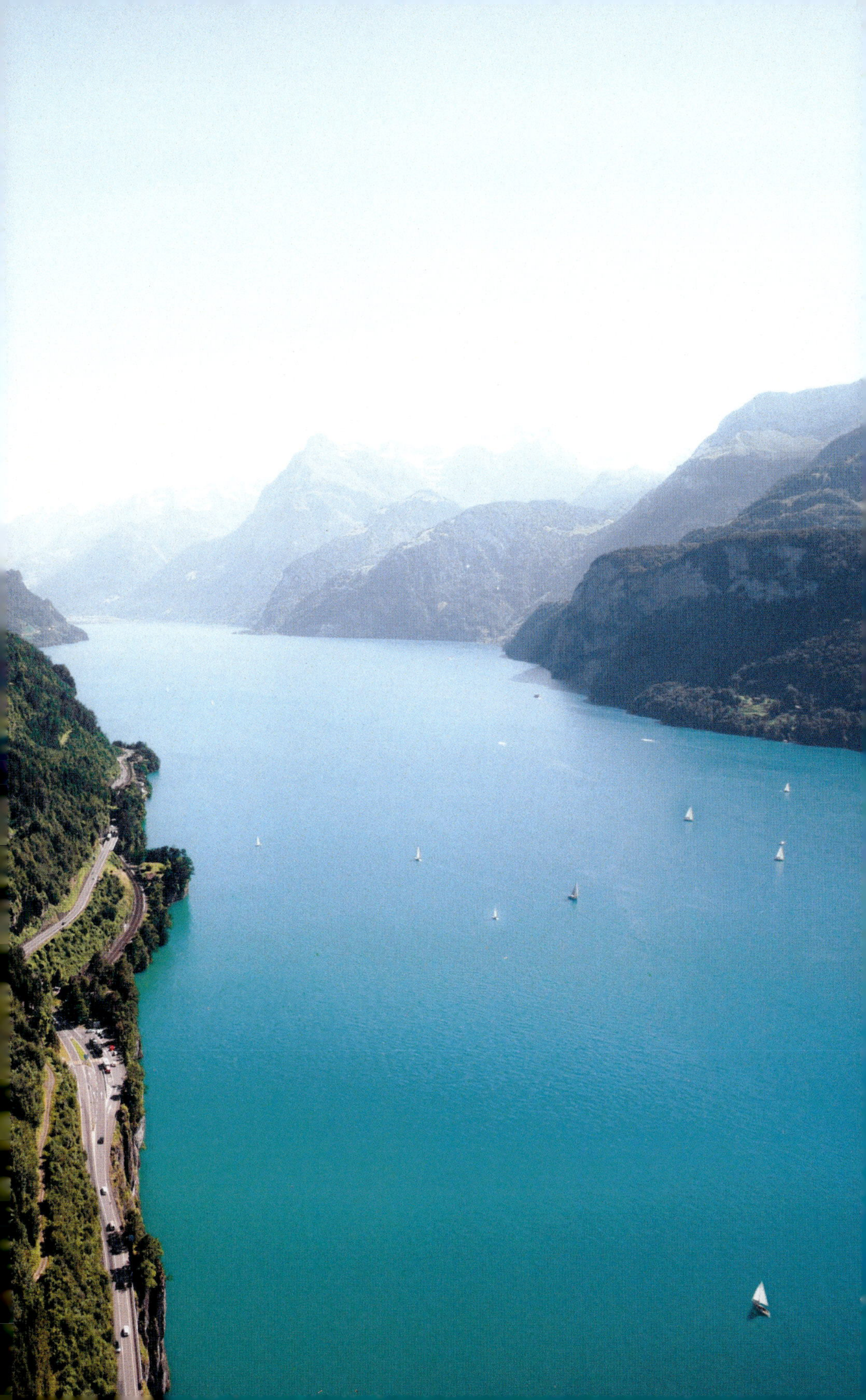

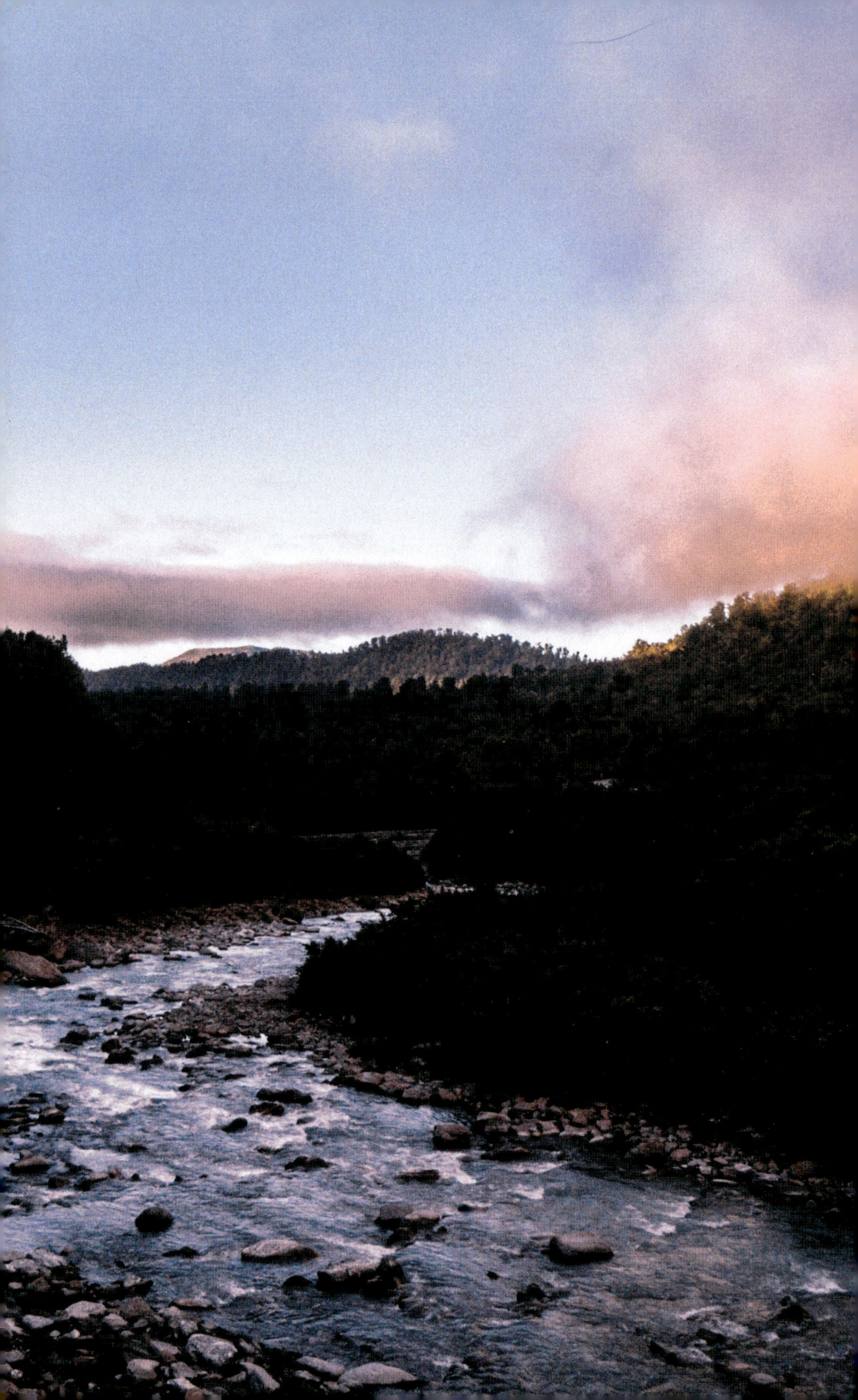

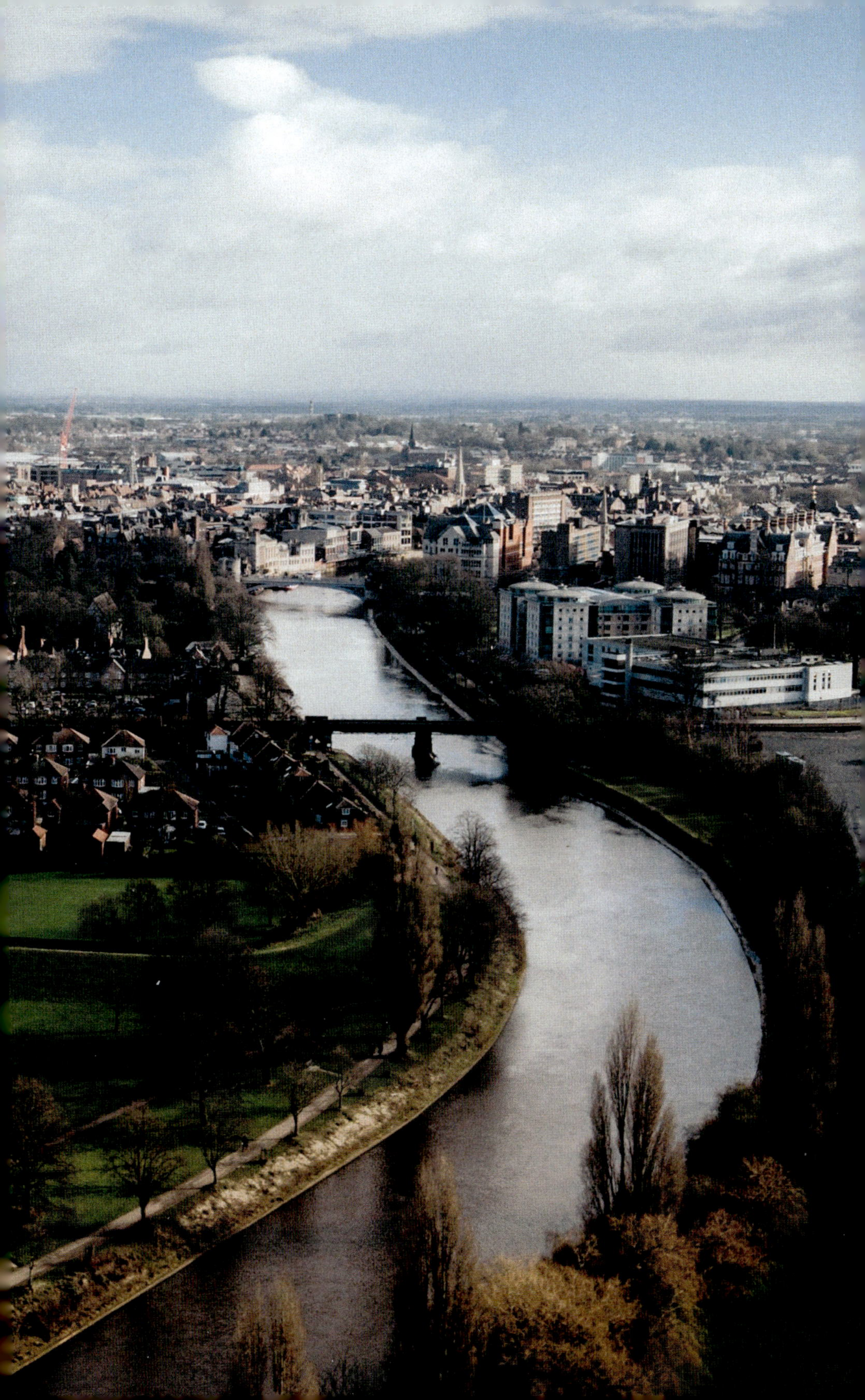

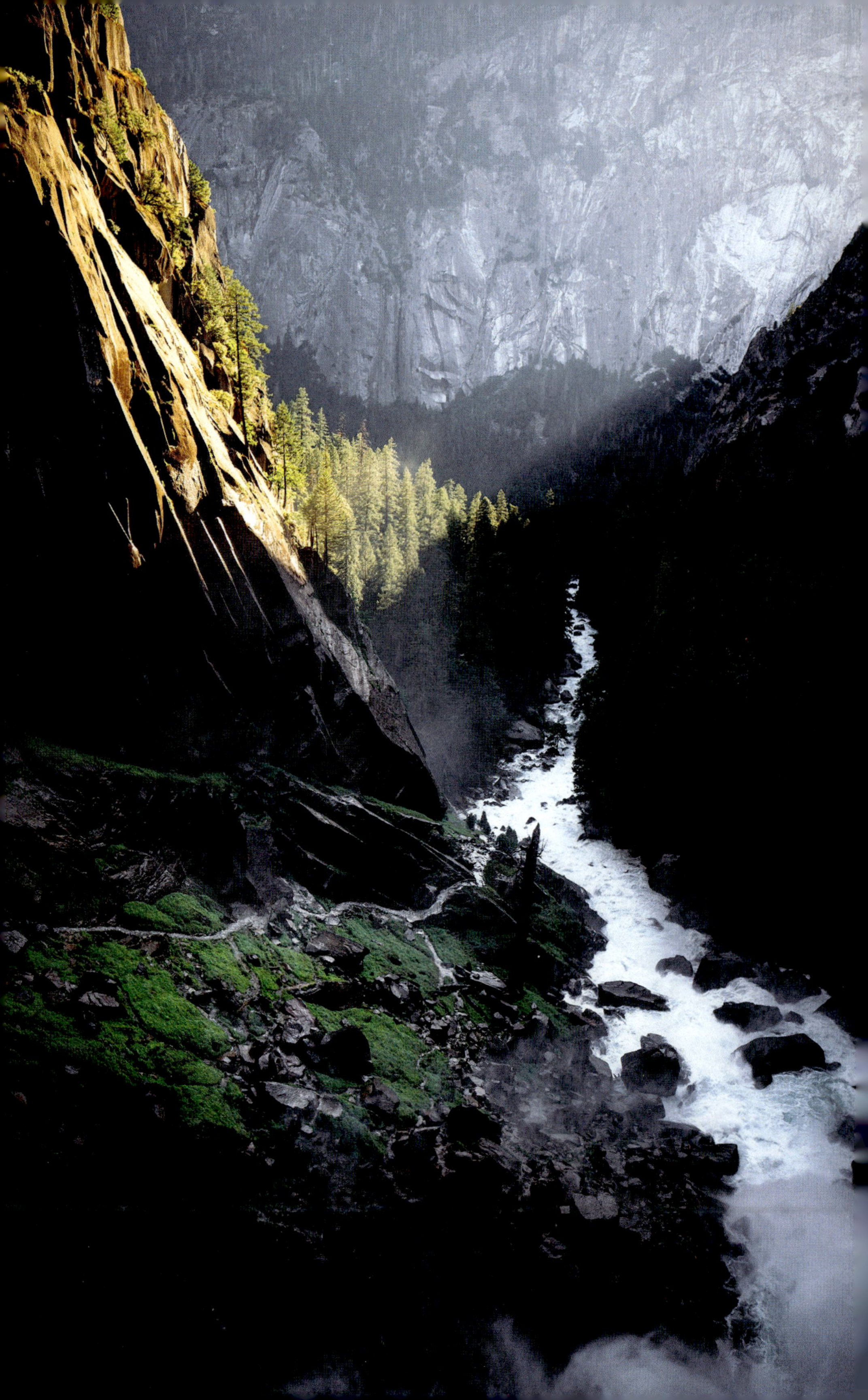

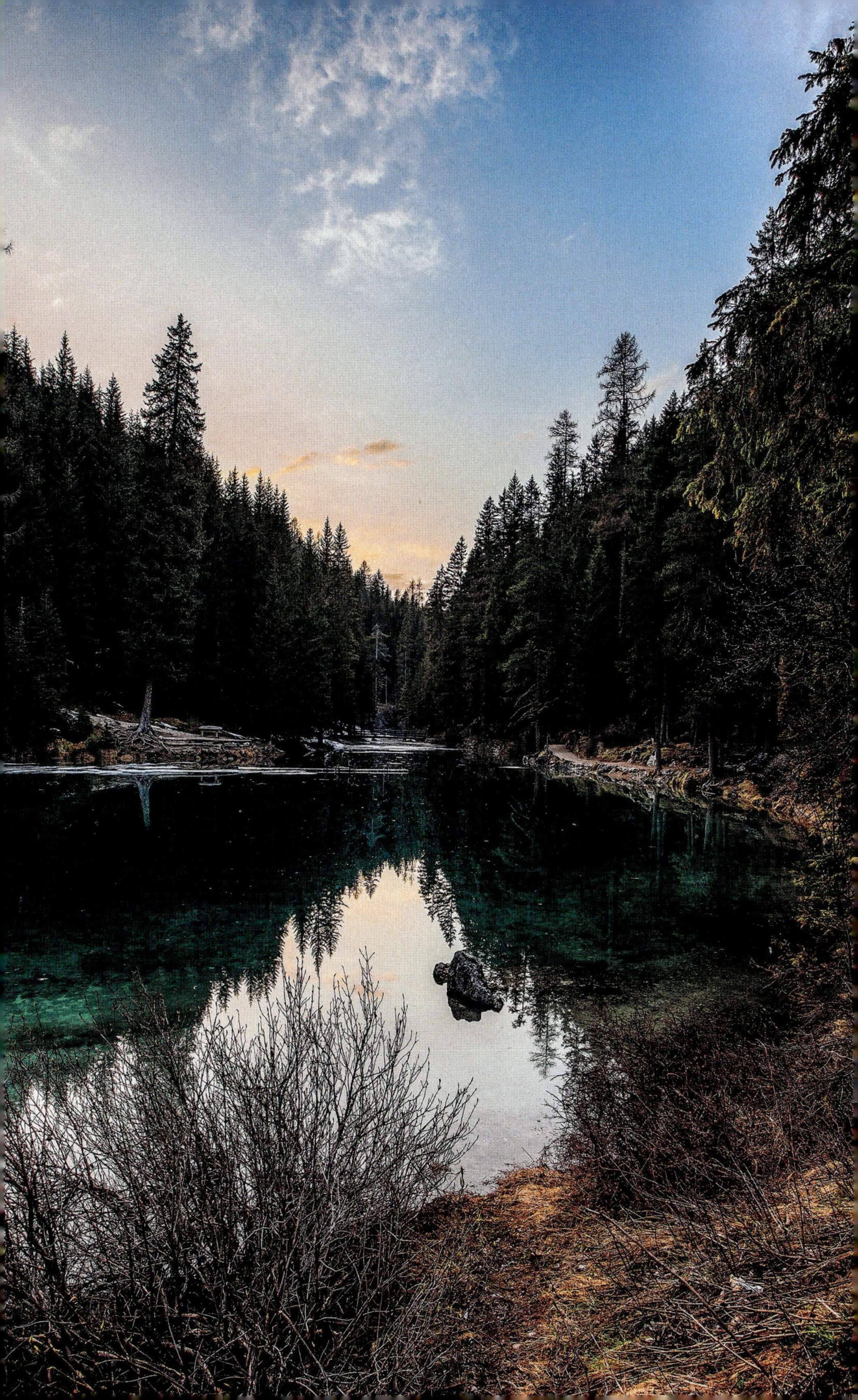

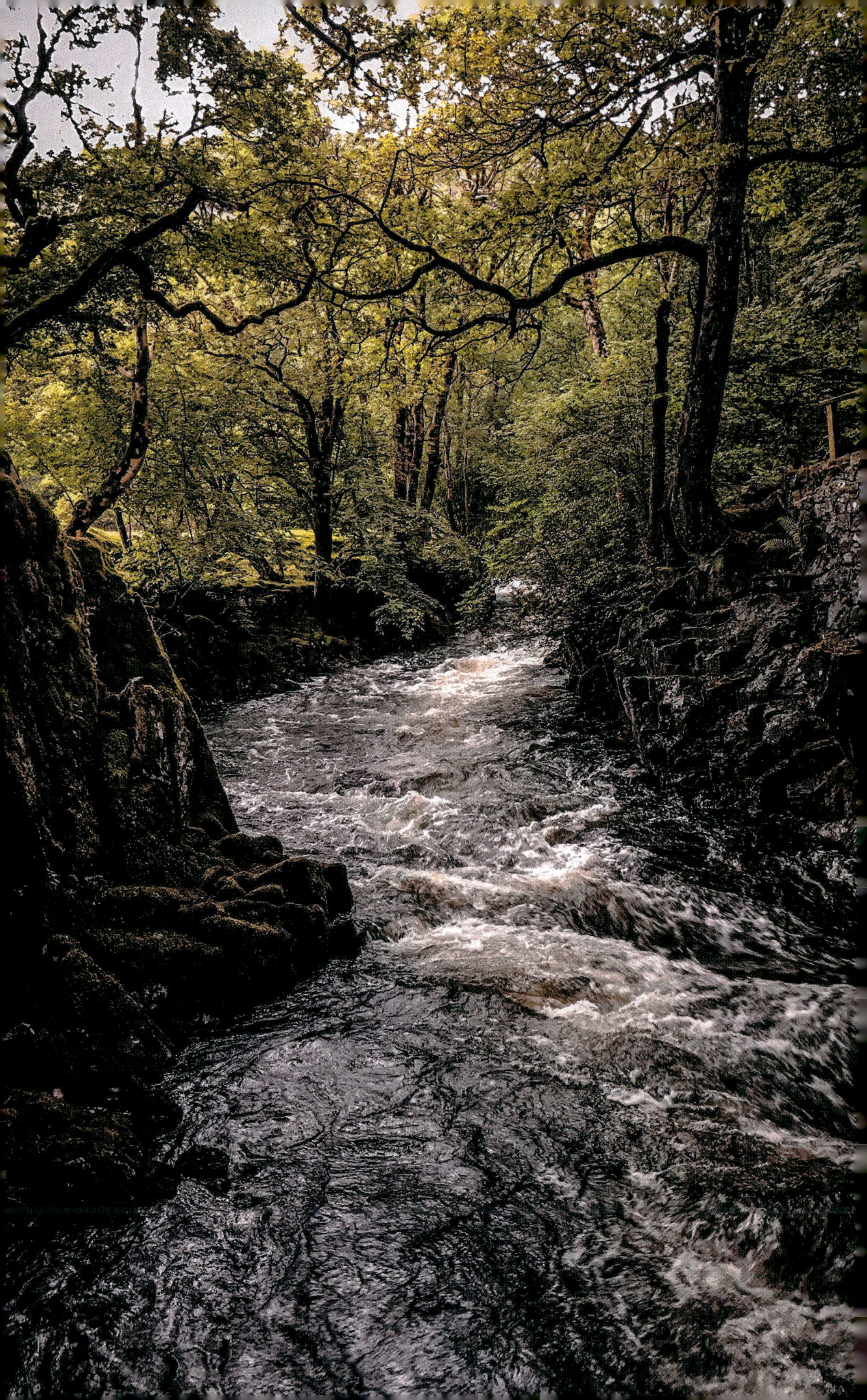

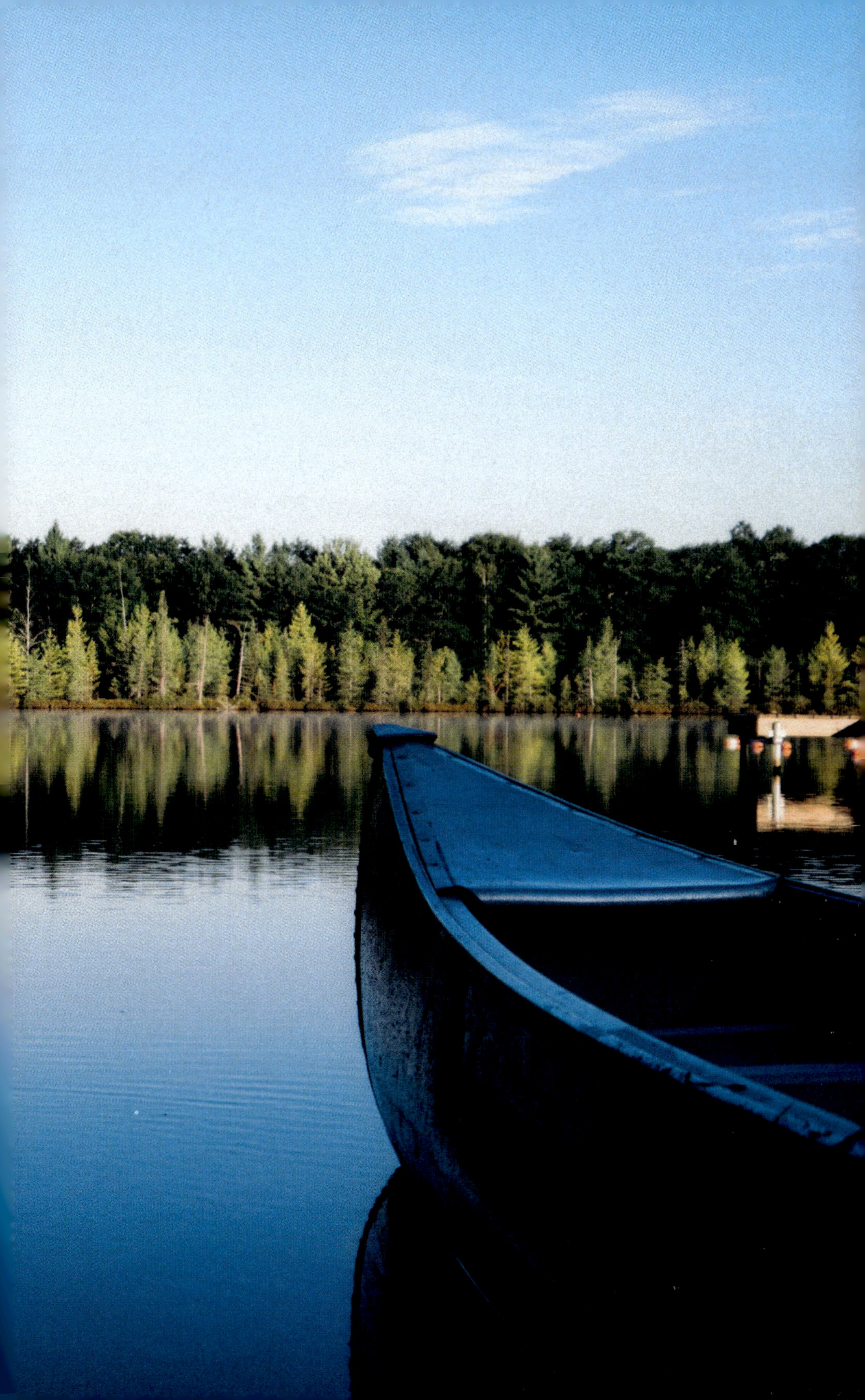

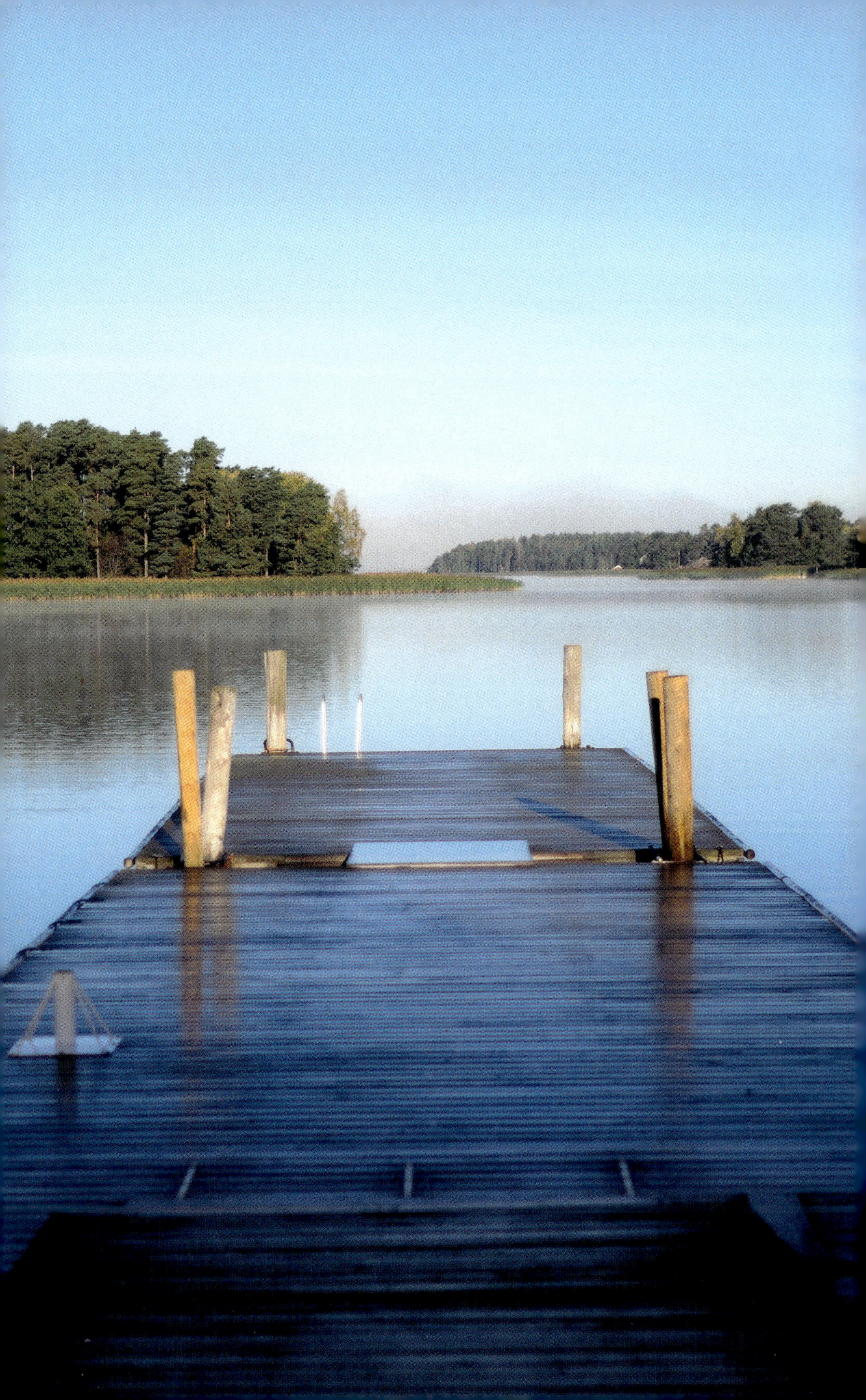

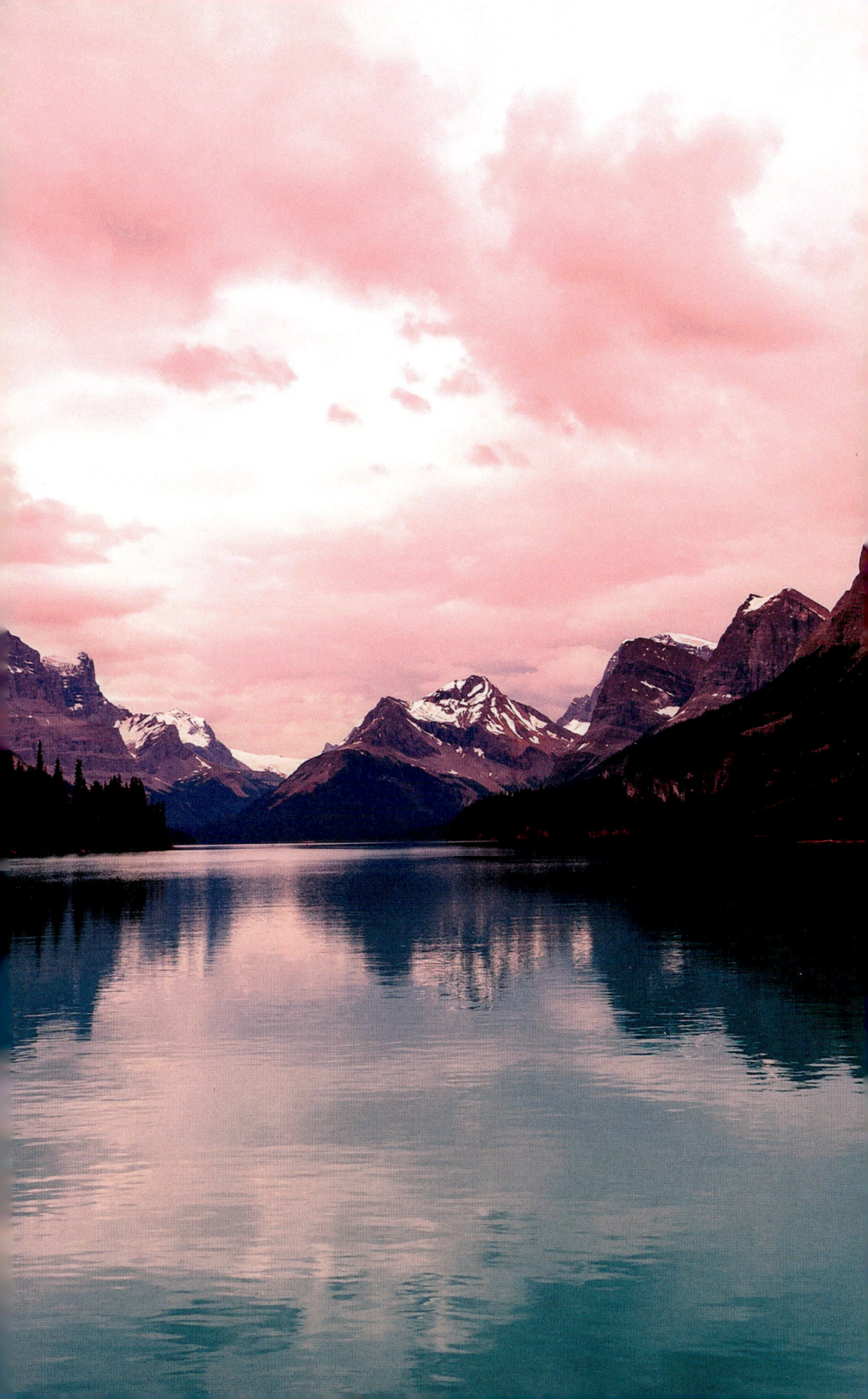

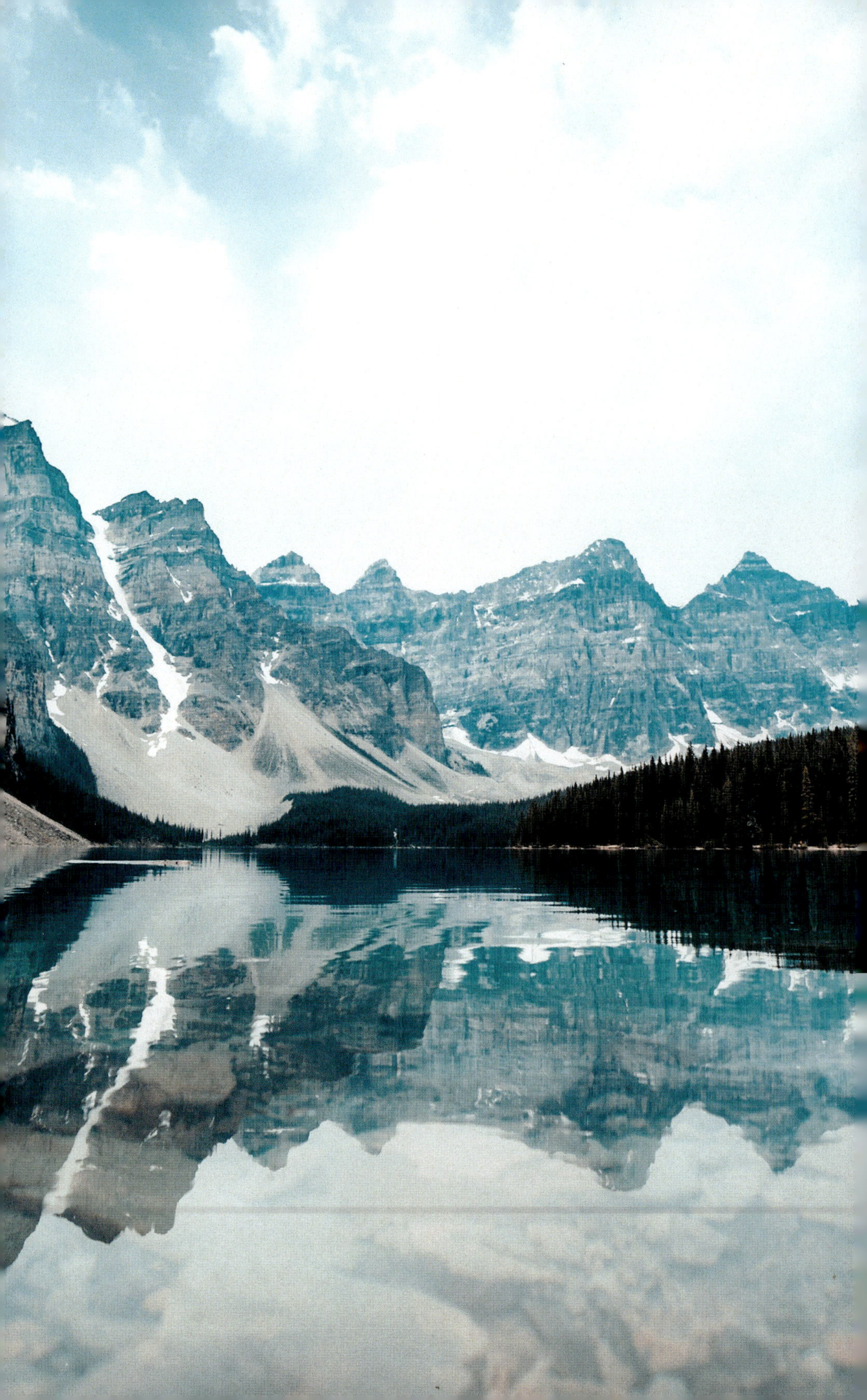

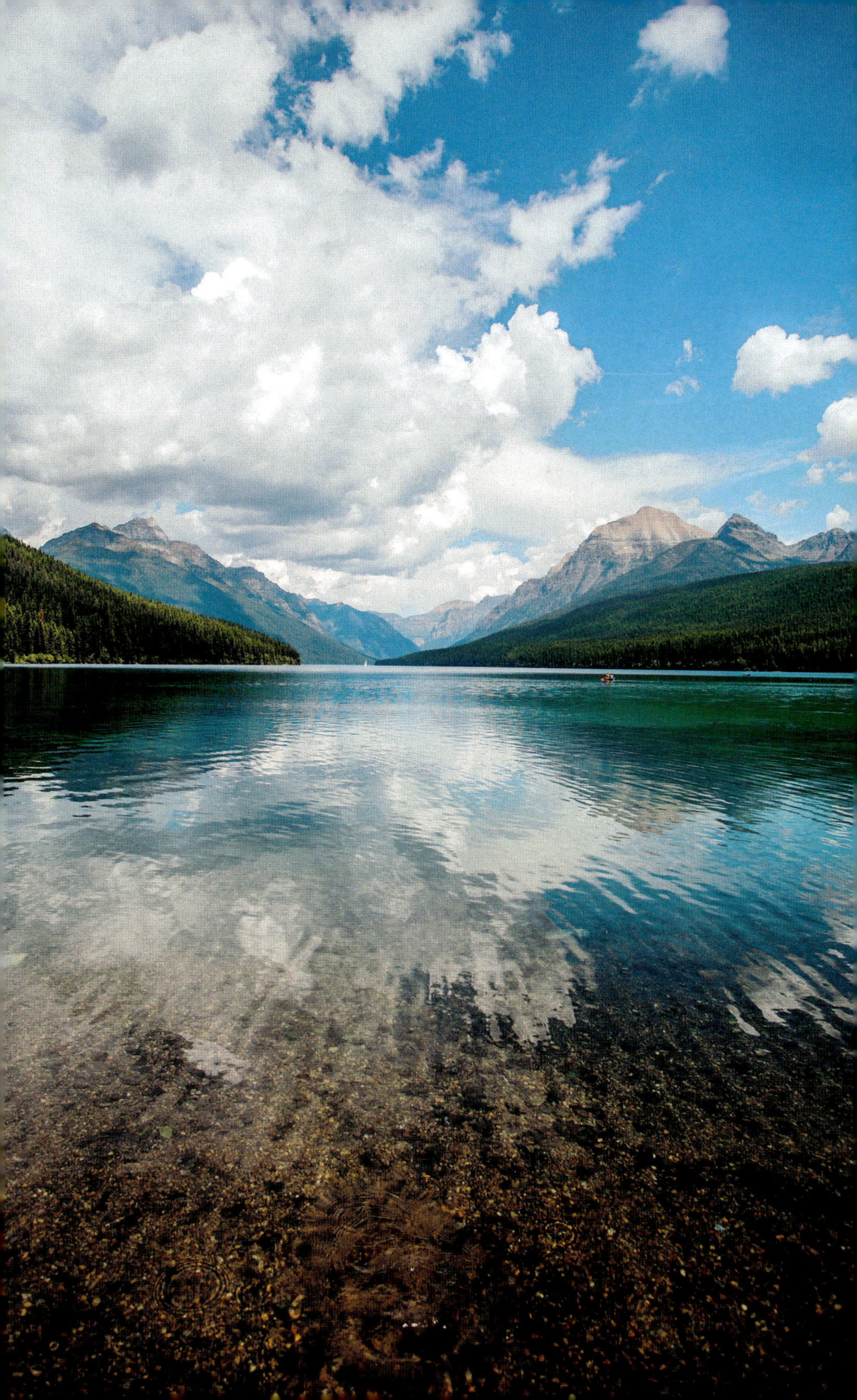

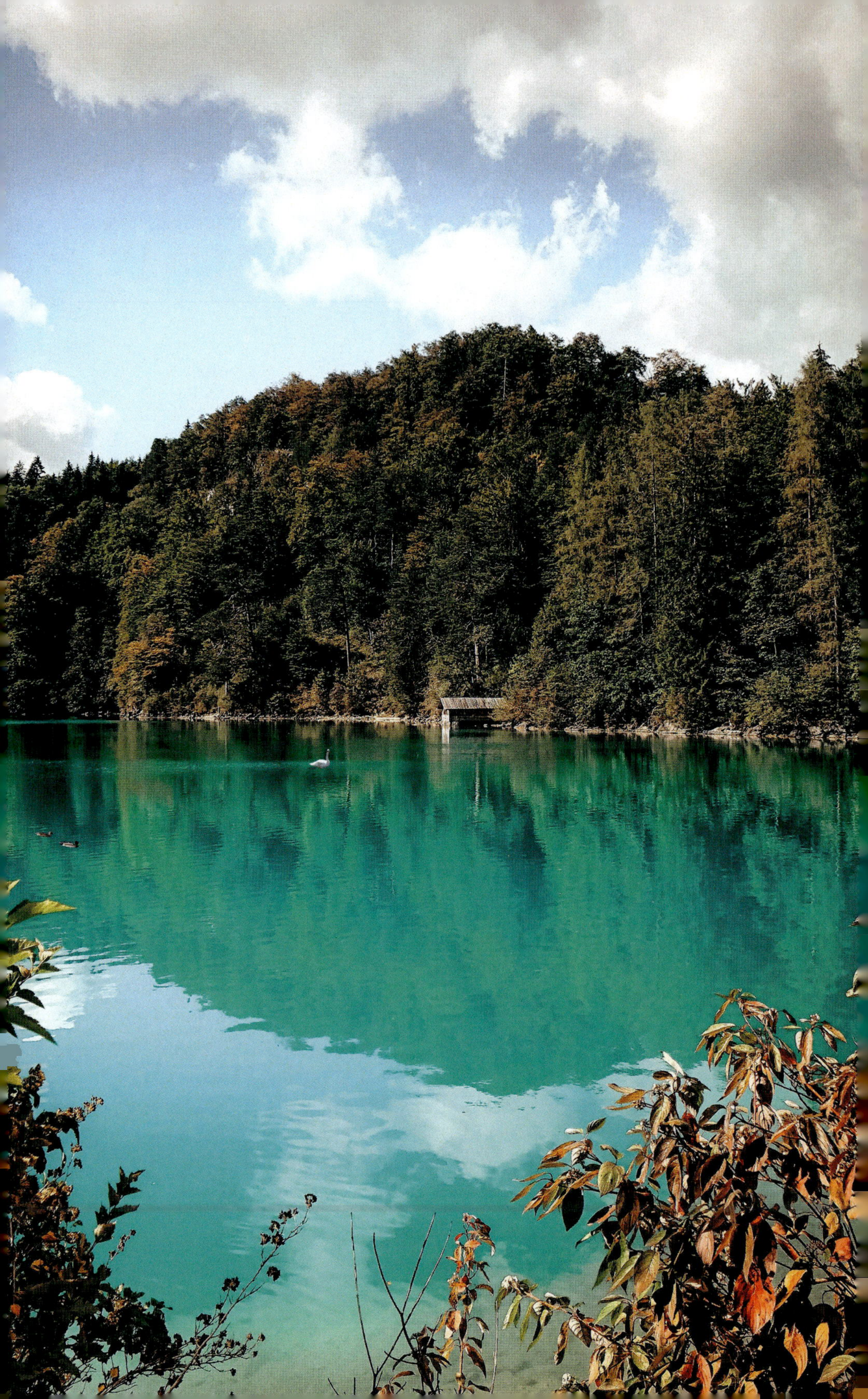

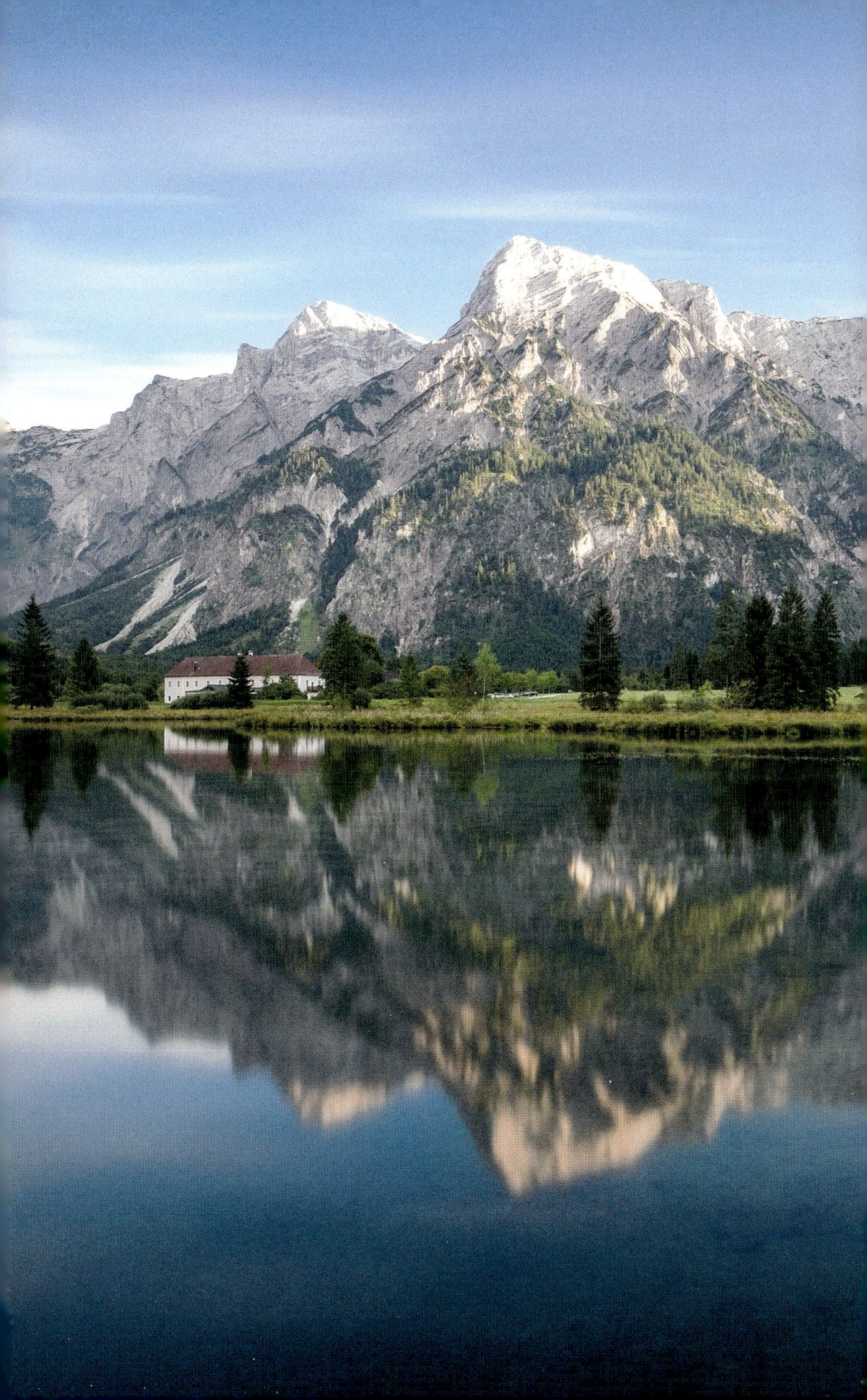

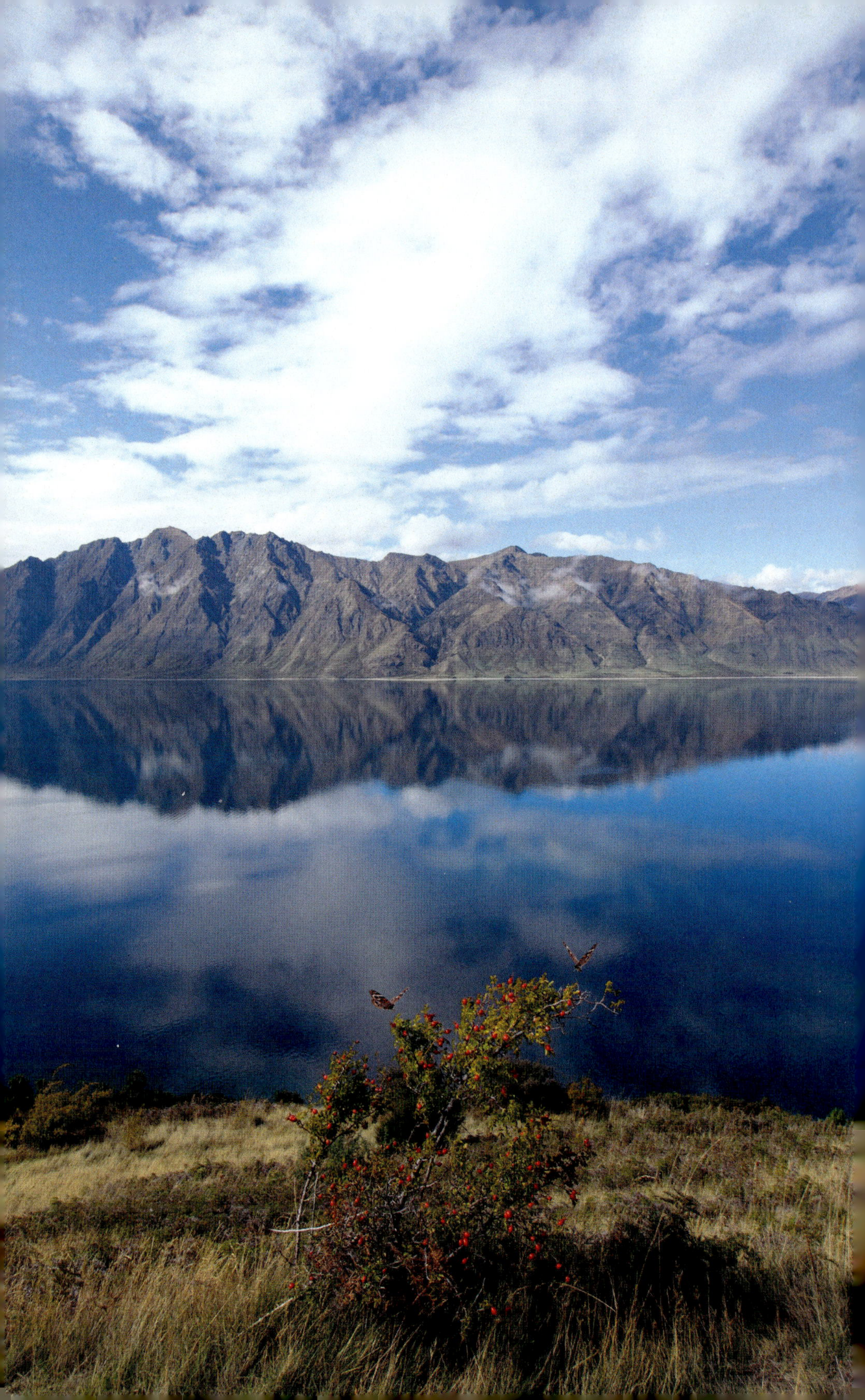

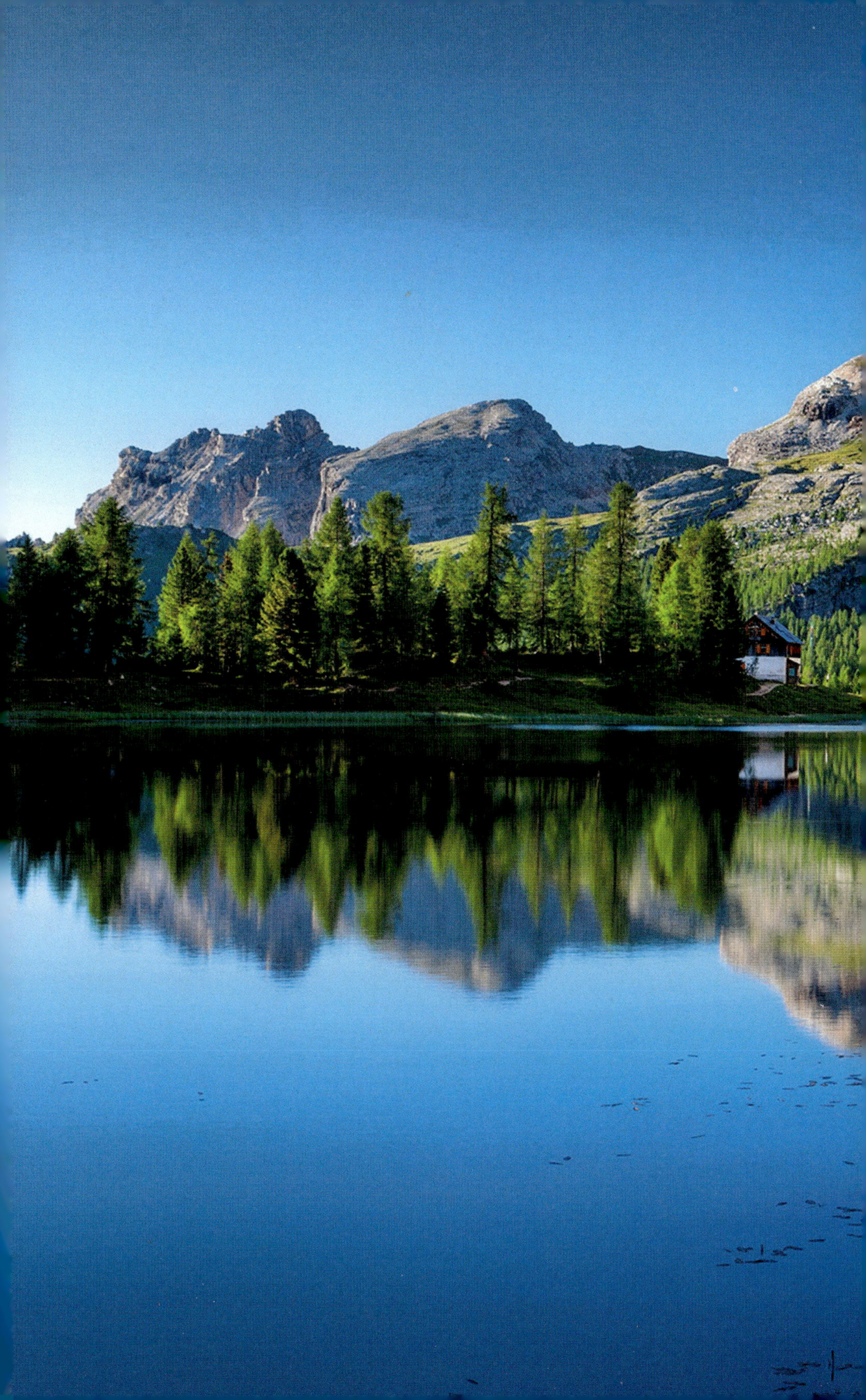

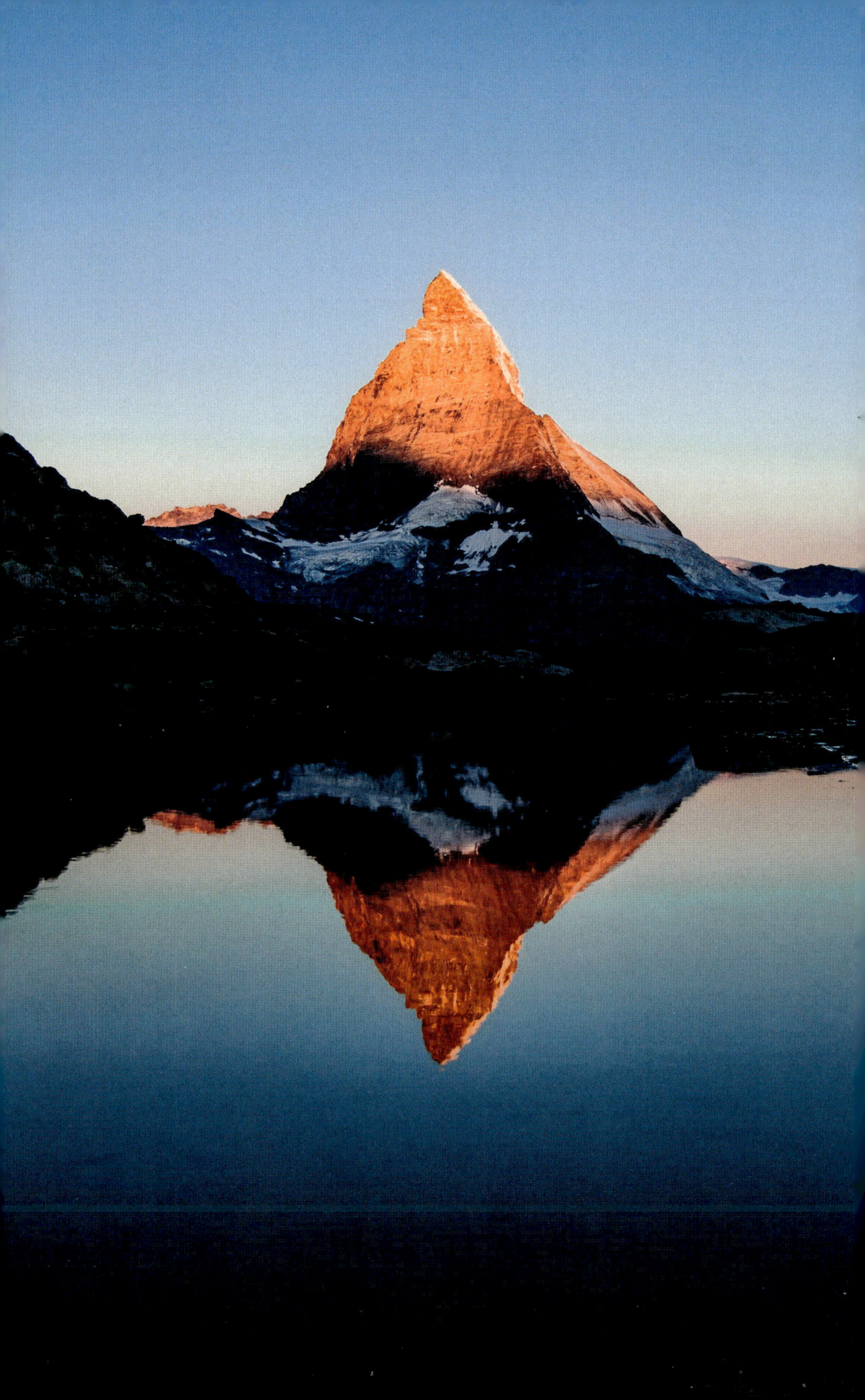

Made in the USA
Coppell, TX
08 December 2020

43583752R00026